D1729648

Ein perfekter Tag in **DEUTSCHLAND**

Weltbild

Ein perfekter Tag in

DEUTSCHLAND

365 unvergessliche Erlebnisse

Weltbild

Inhalt

Für beste
Tage

Januar _____ 14

Februar _____ 38

März _____ 60

April _____ 86

Mai _____ 110

Juni _____ 136

Juli _____ 160

August _____ 184

September _____ 210

Oktober _____ 234

November _____ 258

Dezember _____ 282

Register 308

Bildnachweis · Impressum 311

Deutschlands
Highlights

Außergewöhnliche Erlebnisse

An jedem der 365 Tage des Jahres ist in Deutschland etwas geboten. Eine Auswahl der schönsten Feste, attraktivsten Freizeitziele und unvergesslichsten Erlebnisse ist in diesem Buch zusammengestellt – Tag für Tag.

Sie mögen Musik? Dann nichts wie auf zum Internationalen Jazzfestival nach Spiekeroog oder zum Rheingau Musik Festival. Wer große Bühnen liebt, sollte sich Karten für die Opernfestspiele in Heidenheim oder die Heidelberger Schlossfestspiele holen. Mittelalterfeeling kommt beim Kaltenberger Ritterturnier und bei den Wallensteintagen in Stralsund auf. Für Sportliche lohnt es sich, die zahlreichen Wintersportgebiete Deutschlands aufzusuchen – Snowtubing, Skispringen und Snowkiting sorgen für Spaß und Action. Im Sommer laden Deutschlands Flüsse und Seen zu Bootstouren, Floß- und Kahnfahrten und locken mit zahlreichen Events Besucher an.

Manche Erlebnisse sind an ganz bestimmte Tage gebunden, so etwa sollte man sich am 6. Januar zum Hornschlittenrennen in Garmisch-Partenkirchen einfinden, am 30. April mit den Hexen auf dem Brocken tanzen, am 20. Juni Mittsommer auf Sylt feiern oder am 31. Dezember auf der größten Silvesterparty des Landes vor dem Brandenburger Tor ins neue Jahr starten.

Ganz egal, ob man nur wenige Stunden oder mehrere Tage an einem Ort verweilt, es gibt immer und überall etwas zu entdecken – und es ist garantiert für jeden Geschmack etwas dabei!

Januar

Anbaden auf Norderney

Der ahnungslose Küstenbesucher wird sich erstaunt die Augen reiben: Im tiefsten Winter reihen sich Menschen in Badeanzügen und -hosen, manchmal sogar in bunten Fantasiekostümen am Strand und stürzen sich unter den Augen der sie wild anfeuernden Zuschauer ins kalte Meer. Das Anbaden am Neujahrstag hat Tradition an vielen Küstenorten Norddeutschlands. Jedes Jahr finden sich Hunderte von wagemutigen Schwimmern ein, um sich in die vier Grad kalte Nord- oder Ostsee zu werfen. Kehren die bibbernden Schwimmer dann aus dem Wasser zurück, warten Glühwein und andere wärmende Getränke auf sie.

Land	Niedersachsen	Action	●●●○
Region	Norderney	Fun	●●●●
Zeit	Neujahr	Kultur	●●○○

Schlittschuh laufen beim Wolfsburger Winterzauber

Zeigt sich der erste Schnee, verwandelt sich der Park der Autostadt Wolfsburg in einen veritablen Wintertraum. Eine 6000 Quadratmeter große Eisfläche wird gefroren, um Schlittschuhläufern die Möglichkeit zu geben, ihr Können zu zeigen. Umstellt wird sie mit festlich glitzernden Weihnachtsbäumen. Wer sich nicht selbst auf das Eis traut, ergötzt sich an den präsentierten Eisshows.

Land	Niedersachsen	Action	●●●●
Region	Wolfsburg	Fun	●●●●
Zeit	Ende Nov.–Anf. Jan.	Atmosphäre	●●●○

Fackelwandern in der Partnachklamm

Wie Tropfsteine wirken die langen Eiszapfen, die von den Schluchtwänden hängen, im Fackellicht scheinen sie besonders bizarr. 2002 wurde die Klamm als eines der schönsten Geotope Bayerns ausgewiesen. Verschiedene Tourenanbieter führen kleine Gruppen im Winter bei Fackellicht durch die faszinierende Eiswelt. Unter dem Nachtwanderer rumort die Partnach im Dunkeln.

Land	Bayern	Abenteuer	●●●○
Region	Garmisch	Fun	●●●○
Zeit	Dezember–März	Natur	●●●●

Schlittschuhlaufen in der Zeche Zollverein

Im Winter erstrahlt die Zeche plötzlich in bunten Farben, in den alten Industrieanlagen befördert ein Riesenrad die Besucher einmal rundum und der Augenblick, auf den Tausende von Schlittschuhläufern im Ruhrpott gewartet haben, ist da: Die Eisbahn im Zollverein hat geöffnet. 1800 Quadratmeter Fläche der 1993 stillgelegten Kokserei wurden unter Wasser gesetzt und vereist. Und auch wenn das Spektakel – der Höhepunkt ist die Eisdisko im Januar – bis zu 30 000 Eisartisten im Jahr anzieht – es bleibt genug Platz für jeden, auf Kufen seine Runden zu ziehen.

Land	Nordrhein-Westfalen	Abenteuer	●●●○
Region	Essen	Fun	●●●●
Zeit	Dezember–Januar	Atmosphäre	●●●○

Januar

Marzipanmuseum und Café Niederegger besuchen

Zwölf Gestalten stehen um einen Globus – darunter der Literatur-nobelpreisträger Thomas Mann und der Modeschöpfer Wolfgang Joop. Die Figuren sind nicht etwa aus Wachs geformt, sondern sie sind aus Marzipan »geschnitzt«. Was sie verbindet, ist die Geschichte der edlen Mandelmasse. Das Marzipanmuseum in Lübeck führt in die Historie des Marzipans ein. Ursprünglich stammt Marzipan wohl aus dem Orient und wurde von den findigen Kaufleuten Lübecks importiert. 1806 gründete Johann Georg Niederegger in der Hansestadt dann eine eigene Manufaktur, die bis heute fortbesteht. Kein Wunder, dass das Museum sich im zweiten Stock des Café Niederegger befindet.

Wer die köstliche Süßspeise nicht nur im Museum bewundern, sondern auch in ihr schwelgen möchte, geht ein Stockwerk tiefer. Hier hat seit 1873 das Café Niederegger seinen Sitz. Es ging aus der gleichnamigen im 19. Jahrhundert gegründeten Manufaktur hervor. Zuvor durften nur Apotheker Marzipan verkaufen.

Land	Schleswig-Holstein	Genuss	●●●●
Region	Lübeck	Kultur	●●○○
Zeit	ganzjährig	Kulinarik	●●●○

Durch Lübecks Gänge und Höfe schlendern

In der Altstadt gibt es eine Vielzahl an mittelalterlichen Gängen und Höfen, die größtenteils öffentlich zugänglich sind. Kopf einziehen heißt es im Bäckergang (Engelsgrube 43), und trotz der lichten Gestaltung ist es manchmal schwer, im Dunkel- und Hellgrünen Gang den Überblick zu behalten. Engelsgrube und Füchtingshof machen alltägliches Leben im Spiegel der Zeit erlebbar.

Tipp

Januar

6

Die Gaudi der Hornschlittenrennen erleben

Früher war der Hornschlitten ein Fuhrwerk, mit dem die Bergbauern Heu oder Holz von den Weiden und Wäldern zu Tal brachten. Doch längst ist er mit seinen wie Hörner nach oben geschwungenen Kufen ein Spaß- und Sportgerät. An jedem Dreikönigstag (6. Januar) stürzen sich Viererteams bei Geschwindigkeiten von bis zu 100 Stundenkilometern von der Partnachalm nach Partenkirchen hinunter, um die Meisterschaft auszutragen.

Rasant biegen sie um die Kurve, der Hintermann lehnt sich waghalsig zur Seite, um den Schlitten um die Kehre zu bewegen. Die Zuschauer feuern die Piloten lautstark an. Beim Hornschlittenrennen sind Wagemut, aber auch Geschicklichkeit und ein wenig Akrobatik gefordert. Streng genommen sind die Rennen eine Zweckentfremdung des Schlittens. Der Hornschlitten ist eigentlich ein Arbeitsgerät. Das auf den Bergwiesen geerntete Heu oder das in Wäldern geschlagene Holz wird noch heute teilweise mit dem Hornschlitten ins Tal gebracht. Allerdings wird der Schlitten dann nur von einer Person gesteuert und es wird auch nicht so rasant die Berge hinabgefahren.

Land	Bayern		Action	●●●●
Region	Garmisch		Fun	●●●○
Zeit	Dreikönigstag		Natur	●●●○

Tipp

Garmisch-Partenkirchen

Eingerahmt von der großartigen Bergkulisse des Ammer-, Wetterstein- und Estergebirges, zogen die beiden Orte Garmisch und Partenkirchen schon früh Urlauber an, sodass sie auch als Fremdenverkehrsorte nostalgisches Flair vorweisen können. Sie entwickelten sich im 19. Jahrhundert zum mondänen Ferienziel, wo u. a. Cosima Wagner, Richard Strauss, Lion Feuchtwanger und Heinrich Mann logierten.

Rodeln am Schauinsland

Mittlerweile kann man ja auch im Sommer rodeln, doch die eigentliche Schlittenzeit bleibt der Winter. Gut ist das auf dem Hausberg von Freiburg im Breisgau zu erleben. Der fast 1300 Meter hohe Schauinsland verwandelt sich im Winter in eine Rodelpiste. Hinauf kommt man mit der Schauinslandbahn, dort wartet dann eine 300 Meter lange Schlittenpiste. Selbst ganz ins Tal rast man hinab. Doch bevor die Fahrt beginnt, sollte man einen Blick auf die schneebedeckten Windbuchen werfen: Auf dem Berg haben sich die Buchen dem heftigen Westwind gebeugt und verharren nun in bizarren Stellungen.

Land	Baden-Württemberg	Natur	••••
Region	Schwarzwald	Action	••••
Zeit	Dezember–März	Fun	••••

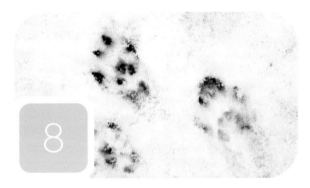

Tierspurwandern im Nationalpark Eifel

Im Nationalpark Eifel wird die Natur seit 2004 auf einer Fläche von 110 Quadratkilometern komplett sich selbst überlassen. Auf dem Gebiet leben mehr als 1600 zum Teil bedrohte Tier- und Pflanzenarten. Der Winter ist für Wildtierbeobachter eine herrliche Zeit. Park-Ranger bieten Interessierten lehrreiche Führungen an, auch im Winter.

Land	Nordrhein-Westfalen	Natur	••••
Region	Nationalpark Eifel	Fun	•••○
Zeit	ganzjährig	Abenteuer	••••

Snowtubing in Oberhof

Begleitet von großem Geschrei, flitzt der aufgepumpte Reifen die Schneebahn entlang. Gewagt gleitet er in die Kurven. Ohne jede Rücksicht auf die Passagiere und mit rasanter Geschwindigkeit geht es bergab. Steuern ist dabei so gut wie Fehlanzeige und das Helmtragen Pflicht. Dennoch ist Snowtubing eine wirkliche Familiengaudi.

Land	Thüringen	Natur	••••
Region	Thüringer Wald	Action	••••
Zeit	Dezember–März	Fun	••••

Januar

Beim Biathlon in Ruhpolding jubeln

Wenn in Ruhpolding im Winter lautes Glockengeläut zu hören ist, heißt das nicht zwingend, dass die Weihnachtszeit angebrochen ist. Es kann sich auch um unzählige Biathlonfans handeln, die mit Kuhglocken aller Art die Athleten lautstark anfeuern. In der Gemeinde im Landkreis Traunstein findet seit 1980 im Januar eines der Weltcuprennen im Biathlon statt, Weltmeisterschaften wurden hier auch schon ausge-

tragen. Fünf Tage lang schwillt die Gemeinde um Zehntausende Menschen an, die gekommen sind, um das Sportereignis zum Spektakel zu machen.

Land	Bayern	Action	••••
Region	Kreis Traunstein	Kultur	•••◦
Zeit	Anfang Januar	Fun	•••◦

Januar

Beim Rennrodel-Weltcup in Altenberg staunen

Tief im Osten Deutschlands versammelt sich einmal im Jahr die Weltelite der Bobfahrer, der Rodler und Skeleton-Fahrer. Im Osterzgebirge steht die Bobbahn Altenberg, die als die schwierigste, wenn nicht sogar gefährlichste Rennstrecke der Welt gilt.

1,4 Kilometer lang stürzen sich die Bob- und Skeleton-Fahrer über ein bis zu 15-prozentiges Gefälle unter anderem durch einen 320-Grad-Kreisel hinab auf der Jagd nach Rekorden. Die ursprüngliche Strecke war sogar noch gefährlicher. Sie wurde als Prestigeobjekt der DDR-Führung in den 1980er-Jahren gebaut und erwies sich nach mehreren Probefahrten als unbefahrbar. Sie musste komplett umgebaut werden, zehn der ursprünglich 17 Kurven wurden abgerissen. Nach diversen Umbauten finden hier nicht nur Weltmeisterschaften statt, sondern die Bobbahn ist nun jedes Jahr ein Austragungsort des Weltcups. Dann schieben nicht nur die Bobfahrer ihre Schlitten zum Start und die Skeleton-Fahrer stürzen mit dem Kopf voran die Bahn hinunter, sondern Tausende Zuschauer machen den Weltcup zu einem besonderen Ereignis.

Land	Sachsen	Action	●●●●
Region	Osterzgebirge	Kultur	●●●○
Zeit	6.–12. Januar	Fun	●●●○

Lauenstein erkunden
Der heutige Stadtteil von Altenberg ist eine der ältesten Siedlungsgründungen des Bundeslandes Sachsen. Ein Renaissanceschloss mit Erzgebirgsmuseum und Falkenzucht sowie ein historischer Marktplatz machen den Ort hoch über der Müglitz zu einem beliebten Ausflugsziel. Der Besuch lässt sich wunderbar mit dem Rennrodel-Weltcup verbinden.

Meeresgiganten im Stralsunder Ozeaneum kennenlernen

Ganz tief in die Welt der Meere kann man im Ozeaneum in Stralsund eintauchen. Ob man nun wissen will, was Meerwasser eigentlich ausmacht, wie viele Seehunde sich in der Ostsee tummeln oder welche Haie in der Nordsee schwimmen: Spannend und kundig wird dem Besucher die Unterwasserwelt näher gebracht. Stars des Ozeaneums sind natürlich die Aquarien inklusive Schiffswrack und zwei Ammenhaien.

Selbst Humboldt-Pinguinen kann man bei ihrem putzigen Treiben zusehen. Riesig dagegen präsentieren sich die Walmodelle dem Zuschauer.

Land	Mecklenburg-Vorp.	Fun	●●●●
Region	Stralsund	Atmosphäre	●●●○
Zeit	ganzjährig	Kultur	●●○○

Wattwandern in St.-Peter-Ording

Auch im Winter kann man sich – allerdings nur in Begleitung eines professionellen Wattführers – in die größte Wattlandlandschaft der Erde wagen. Das Watt ist ein einzigartiger Naturraum, zweimal täglich wird er überflutet und seine Bewohner haben sich auf geschickte Weise angepasst: Der Wattwurm verbirgt sich bei Flut in einem selbst gegrabenen Tunnel, die Scholle verbuddelt sich bei Ebbe im nassen Sand und die Miesmuscheln klammern sich aneinander, um nicht fortgespült zu werden. Im Winter entfaltet das Watt seine ganz eigene Magie. Stellenweise hat sich Eis gebildet, häufig zieht Nebel auf …

Land	Schleswig-Holstein	Natur	●●●●
Region	Nordfriesland	Erholung	●●●○
Zeit	Dezember–März	Atmosphäre	●●●●

Ballonfahren über den Alpen

Wenn man die schlaffen Hüllen der Heißluftballons am Boden sieht und dazu das laute Rattern der Generatoren und der Ventilatoren hört, die die Ballons langsam in Form bringen, ist man relativ unvorbereitet auf die herrliche Stille des Fluges über die Alpen. Der Anblick der Berggipfel, der schneebedeckten Hänge und Schluchten ist atemberaubend. Wie Ameisen, die den Alpinsport für sich entdeckt haben, wirken die Skifahrer und Snowboarder auf den Pisten der Skigebiete von oben. In einem Ballon kann man die Alpen in Richtung Italien in drei bis fünf Stunden überqueren.

Land	Bayern	Action	●●●●
Region	Alpen	Fun	●●●●
Zeit	ganzjährig	Natur	●●●○

Beim Dresdner Semperopernball das Tanzbein schwingen

15

★ ★ ★
Highlight
des Monats

Bei dem gesellschaftlichen Ereignis schlechthin tanzt die versammelte Prominenz selig im Dreivierteltakt. Jede Menge Stars und Sternchen nebst gut choreografiertem Einzug der Debütantinnen sorgen jedes Jahr aufs Neue für Gesprächsstoff. Wer Karten will, sollte unbedingt vorher reservieren!

Zum ersten Mal fand der Dresdner Opernball am 21. Februar 1925 statt. Man tanzte damals sowohl zu klassischer Musik und Walzer als auch zu Jazz. Während der Kriegsjahre wurden noch jährlich Bälle veranstaltet. Doch dann kam die Tradition in der DDR-Zeit zum Erliegen und es dauerte noch ganze 51 Jahre, bis erneut ein Opernball stattfand. Seit 2006 tanzt Dresden wieder festlich und feierlich in der Oper. Gefeiert wird im großen Ballsaal sowie im Spiegelsaal und in verschiedenen Lounges. Für Unterhaltung bis in die frühen Morgenstunden sorgen namhafte Künstler, große Orchester und Bands.

Land	Sachsen	Fun	●●●○
Region	Dresden	Kultur	●●●●
Zeit	Ende Jan./Anf. Februar	Atmosphäre	●●●○

Schneeschuhwandern im Karwendel

Das 917 Quadratkilometer große Gebiet des Karwendel beherbergt einen fantastischen Naturraum, geprägt von schroffen Bergen, tiefen Tälern, urwüchsigen Wäldern und wilden Flüssen. Wenn im Winter eine glitzernde Schneedecke die Berge bedeckt, kann man auf Schneeschuhen eindrucksvolle Wanderungen unternehmen. Hautnah erlebt man dabei winterliche Hochgefühle, hinterlässt frische Spuren im unberührten Schnee und genießt wunderbare Blicke auf verschneite Berge, Almen und Hütten. Zahlreiche abwechslungsreiche Touren stehen zur Auswahl.

Land	Bayern	Natur	●●●●
Region	Karwendel	Action	●●○○
Zeit	Dezember–März	Erholung	●●○○

Wintermärchen auf Burg Eltz

Mächtig erheben sich ihre Türme und Mauern über der Mosel. Stolz steht die Burg Eltz inmitten eines verschneiten Waldes. Sie hat allen Grund dazu: Seit dem 12. Jahrhundert thront sie auf ihrem steilen Felsen und gehört zu den bekanntesten Burgen Deutschlands. Im 19. Jahrhundert wurde sie aufwendig restauriert. Heute steht sie Besuchern offen, die durch 800 Jahre Geschichte spazieren können. Ambitionierte Wanderer nähern sich der Burg über den Wanderweg »Eltzer Burgpanorama«, der auch im Winter märchenhafte Aussichten verspricht.

Land	Rheinland-Pfalz	Natur	●●●○
Region	Wierschem	Kultur	●●●○
Zeit	Dezember–März	Atmosphäre	●●●○

Münsterländer Schlösserpracht erkunden

Das Münsterland ist reich an Burgen und Schlössern, die Bandbreite reicht von der mittelalterlichen Burganlage bis zum französisch inspirierten Schloss. Eines ist ihnen allen gemeinsam: Sie sind von Wasser umgeben. Da das Münsterland mit Bergen spart, mussten die adligen Herren als Schutz für ihre Burgen eben Wassergräben anlegen. Gerade im Winter zeigen sie ihren märchenhaften Charakter.

Land	Nordrhein-Westfalen	Natur	●●●○
Region	Münsterland	Atmosphäre	●●●○
Zeit	Dezember–März	Kultur	●●●○

Ausstellung Bergwelt Karwendel besuchen

Das architektonisch spektakuläre Gebäude der »Bergwelt Karwendel« hat eine Länge von 34 Metern und einen Durchmesser von acht Metern. Das naturkundliche Informationszentrum wird wegen seiner Form auch Fernrohr genannt. Das elliptische Fenster, 1300 Meter hoch über Mittenwald, hat eine Fläche von 24 Quadratmetern. Die Ausstellung erklärt das Zusammenspiel von Flora, Fauna und Klima im Gebirge.

Land	Bayern	Natur	●●●●
Region	Karwendel	Kultur	●●●○
Zeit	ganzjährig	Fun	●●●○

Schlittenfahren von der Wasserkuppe

Wenn der erste Schnee die Wasserkuppe bedeckt, zieht sie die Wintersportler an. Der höchste Berg der Rhön und des Landes Hessen erhebt sich 950 Meter über dem Meeresspiegel. Die Wasserkuppe ist ein gut ausgebautes Skigebiet mit sechs Liften. Fünf Abfahrten warten auf die Skifahrer und die Snowboarder. Vom Gipfel kann man sich aber selbstverständlich auch mit einem Schlitten hinunterstürzen. Schwer steuerbar und am besten mit so wenig Bremsen wie möglich schießt man den Berg im Naturpark Hessische Rhön hinunter. Die Wasserkuppe hat nämlich eine eigene Piste für Rodler.

Land	Hessen	Natur	●●●●
Region	Kreis Fulda	Action	●●●●
Zeit	Dezember–März	Fun	●●●●

Langlauf im Thüringer Wald

Der Rennsteig im Thüringer Wald ist, sobald die ersten Schneeflocken auf den Boden rieseln, fest in der Hand der Wintersportler. Mittelpunkt ist dabei Oberhof, das für seine Bob- und Rodelbahn bekannt ist und in dem eines der Biathlon-Weltcuprennen ausgetragen wird. Doch wo Wintersport propagiert wird, ist Langlauf nicht weit. Herrlich ist es, unter den verschneiten Baumwipfeln und über die weißen Hügel zu gleiten.

Um den Volkmarskopf geht es leicht zu, die Adlersbergloipe ist etwas für Fortgeschrittene, und ganz Ambitionierte zieht es auf den Rennsteig.

Land	Thüringen	Abenteuer	●●○○
Region	Thüringer Wald	Action	●●●○
Zeit	November–Mitte März	Natur	●●●●

Heidelberger Schloss und Königstuhl im Winter

Das Heidelberger Schloss, das Wahrzeichen der Stadt, hat riesige Ausmaße. Eine ganze Reihe von Herrschern baute das Schloss immer wieder um. Heute beeindruckt es vor allem durch seine Mischung aus restaurierten Gebäudeteilen und stehen gelassenen Ruinen. Im 17. Jahrhundert hatten es nämlich feindliche Truppen gebrandschatzt. Am Schloss führt die Himmelsleiter ganz hinauf auf den fast 570 Meter hohen Königstuhl, den Hausberg Heidelbergs. Vom Schloss aus führt auch eine der ältesten Bergbahnen Deutschlands hinauf auf den Gipfel.

Land	Baden-Württemberg	Atmosphäre	●●●○
Region	Heidelberg	Kultur	●●●●
Zeit	November–März	Genuss	●●●○

Absteigen in die Iberger Tropfsteinhöhle

Seit 1874 ist die Tropfsteinhöhle im Iberg im Harz ein Publikumsmagnet. Bergleute entdeckten sie wahrscheinlich schon im 16. Jahrhundert. Erstaunlich ist, dass die Höhle aus einem Korallenriff entstanden ist, das sich vor 350–250 Millionen Jahren dort befand und mit der Auffaltung des Gebirges nach oben geschoben wurde. 2008 wurde sie um ein einzigartiges Erlebniszentrum erweitert.

Land	Niedersachsen	Natur	●●●●
Region	Bad Grund	Abenteuer	●●●○
Zeit	ganzjährig	Atmosphäre	●●●○

Strandspaziergang auf Juist

»Dat Töwerland« nennen die Einheimischen ihre Insel. Wie in einem Zauberland – allerdings in einem recht kalten – kann man sich auch fühlen am Strand von Juist. Die Insel ist gerade mal 17 Kilometer lang und von äußerst schlanker Gestalt. Für einen Spaziergang sollte man aber sich gut einmummeln. Trotzt der Kälte und dem Wind ist ein Strandspaziergang im Winter reine Meditation.

Land	Niedersachsen	Natur	●●●●
Region	Juist	Erholung	●●●○
Zeit	Dezember–März	Atmosphäre	●●○○

Januar

25

Ab auf den Erbeskopf!

Wer sich auf den Aussichtsturm auf dem höchsten Berg des Hunsrücks begibt, bewegt sich auf einer Skulptur. Der Bildhauer Christoph Mancke nannte sein begehbares Werk »Windfang«. Von 16 Meter Höhe aus hat man einen einmaligen Blick über den Hunsrück. Der Weg auf den über 800 Meter hohen Gipfel des Erbeskopfs lohnt sich auch im Winter. Hier herrscht nämlich schon fast eine Schneegarantie, im Durchschnitt ist mit 80 Tagen Schnee im Jahr zu rechnen. Neben dem »Windfang« führt auch noch ein Skulpturenpfad zu verschiedenen Kunstwerken.

Land	Rheinland-Pfalz		Natur	●●●●
Region	Hunsrück		Atmosphäre	●●●○
Zeit	Dezember–Februar		Fun	●●●○

26

Winterzelten in den Bergen

Der Schnee knistert leise, die Gipfel ragen in die Nacht und der Himmel erstreckt sich grenzenlos über dem Zelt, es herrscht unwirkliche Stille. Im Winter lassen sich Bergwanderungen unternehmen – und warum nicht zwischendurch Station machen? Doch es gilt einiges zu beachten. Auf keinen Fall sollte man an schneebedeckten Hängen oder gar in Schluchten campen, die Lawinengefahr ist zu groß. Eine Hügel-

kuppe ist da die bessere Wahl. Lange Unterwäsche und der richtige Schlafsack für die kälteren Temperaturen sind eine Selbstverständlichkeit.

Land	Bayern		Natur	●●●●
Region	u. a. Allgäu, Alpen		Atmosphäre	●●●○
Zeit	Januar–März		Fun	●●○○

27

Eiswunder im Nationalpark Jasmund

Weiß und majestätisch erheben sie sich über dem Meer: die Kreidefelsen von Rügen. Im Winter, wenn Schnee und Eis den Strand bedecken, wähnt man sich fast in der Arktis. Über 70 Millionen Jahre sind die Felsformationen alt und erheben sich 120 Meter hoch über der Ostsee. Im »Stubbenkammer« genannten Gebiet befindet sich der wohl bekannteste Fels: der Königsstuhl. Caspar David Friedrich inspirierten sie zu seinem bekanntesten Gemälde, das er anlässlich seiner Hochzeitsreise schuf. Seit 1990 sind die Kreidefelsen Teil des Nationalparks Jasmund.

Land	Mecklenburg-Vorp.	Natur	●●●●
Region	Rügen	Atmosphäre	●●●●
Zeit	Dezember–Februar	Erholung	●●●○

28

29

Zugspitz-Skijöring in Reichling

Die Motorräder knattern um den Rundparcours. Jetzt kommt es auf das richtige Gefühl für die Bremse und den Gashebel an. Und dass Ski- und Kradfahrer gut aufeinander eingestellt sind. Beim Zugspitz-Skijöring hat das Motorrad nämlich einen Anhängsel: einen Skifahrer. Zusammen schlittern sie um die Kurven und geben sich gegenseitig Balance. Das Besondere: Das Zugspitz-Skijöring wird bei Dunkelheit ausgetragen.

Land	Bayern	Action	●●●●
Region	Reichling	Fun	●●●●
Zeit	Mitte–Ende Januar	Atmosphäre	●●●○

Aussicht genießen vom Hochheideturm

Auf dem 838 Meter hohen Ettelsberg schraubt sich der Hochheideturm 59 Meter in die Höhe. Kein Wunder, dass man vom Turm aus einen herrlichen Ausblick über die winterliche Landschaft bis ganz zum Teutoburger Wald genießen kann. Zu Füßen des Turmes liegt der Kyrill-Pfad. 2007 zerstörte der Orkan Kyrill große Teile des Waldes. Er wurde inzwischen wieder aufgeforstet.

Land	Hessen	Natur	●●●○
Region	Rothaargebirge	Entspannung	●●○○
Zeit	Dezember–Februar	Atmosphäre	●●●○

Wintergrillen

Des Deutschen Lieblingssport ist neben Fußball mit Sicherheit das Grillen. Kaum zeigen sich im Sommer die ersten Sonnenstrahlen, wird die Holzkohle auf die Terrasse gestellt. Warum aber in der kalten Jahreszeit auf das Grillen verzichten? Schließlich schmeckt ein schönes Steak mit Röstaromen auch im Winter. Allerdings ist einiges anders als im Sommer: Heizt man seinen Grill zum Beispiel mit Gas, sollte man nicht auf Butangas zurückgreifen. Und um eine richtig gute Glut zu entfachen, sollte man einen Grill mit Deckel verwenden.

Land	Deutschland	Genuss	●●●●
Region	überall	Entspannung	●●●○
Zeit	Dezember–März	Atmosphäre	●●●○

Schnablerrennen in Gaißach

Wenn es Faschingszeit wird in Gaißach, der 3000-Seelen-Gemeinde nahe Bad Tölz, strömen Tausende Zuschauer von nah und fern auf den Lehener Berg. Es findet hier kein Skiweltcup statt, sondern das traditionelle Schnablerrennen. Auf Hornschlitten, »Schnablern«, jagen wagemutige Piloten die 1,5 Kilometer lange Piste hinunter. Die wahre Prüfung wartet am Ende der Rennstrecke: Der Schnabler muss über eine Schanze springen. In die Rennwertung fließen Streckenzeit und Weite des Sprungs ein. Und da Fasching ist, sind die meisten Schnablerpiloten verkleidet.

Land	Bayern	Fun	●●●●
Region	Gaißach	Action	●●●●
Zeit	Ende Jan./Anf. Febr.	Natur	●●●○

Februar

Montgolfiade in Rottach-Egern

Bunte Farbtupfer liegen über der weißen Schneeland-schaft der Tegernseer Berge, es sind Heißluftballons auf der Fuchsjagd – der Höhepunkt der Montgolfiade. Ein Heißluftballon setzt eine Zielmarke, die die ande-ren mit einer Punktlandung erreichen müssen. Die Tage zuvor aber gibt es immer wieder Ballonstarts, und begleitet wird das Spektakel von einem Schman-kerlmarkt im Herzen von Rottach-Egern. www.montgolfiade.de

Land	Bayern	Action	●●●○
Region	Tegernsee	Fun	●●●●
Zeit	Anfang Februar	Kultur	●●○○

Hornschlittenrennen am Titisee

Bei den Schwarzwaldmeisterschaften in Waldau wer-den Rennen in drei Klassen gefahren: Einmal gehen die traditionellen Schwarzwälder Hornschlitten an den Start, dann die getunten Rennschlitten und die Damenschlitten. Streng genommen sind Hornschlit-ten eine Zweckentfremdung: Im Schwarzwald und auch in den Alpen sind sie eigentlich Arbeitsgeräte. Das auf den Bergwiesen geerntete Heu oder das in Wäldern geschlagene Holz wird teils noch heute mit dem Hornschlitten ins Tal gebracht. Allerdings wird er dann nur von einer Person gesteuert und es wird auch nicht so rasant die Berge hinabgefahren.

Land	Baden-Württemberg	Action	●●●●
Region	Schwarzwald	Fun	●●●○
Zeit	Januar/Februar	Natur	●●●●

3

Neue Filme auf der Berlinale entdecken

Es illustriert wohl nichts besser den Stellenwert der Berliner Filmfestspiele, als wenn die Stars trotz eisiger Minustemperaturen in aufregenden Abendkleidern auf dem roten Teppich vor dem Berlinale-Palast am Potsdamer Platz posieren und die Fans stundenlang ausharren, um sie zu sehen und sich genauso geduldig in die langen Schlangen vor den Ticketkassen einreihen. Die Filmfestspiele in Berlin gelten neben denen in Cannes und Venedig als die bedeutendsten weltweit. Beteiligt sind stets zahlreiche Kinos aus der ganzen Stadt.

Land	Berlin	Kultur	●●●●
Region	Berlin	Atmosphäre	●●●○
Zeit	Anfang–Mitte Februar	Action	●●○○

Aperschnalzen im Rupertiwinkel

Neun Männer stehen in einer Reihe, ihre langen Peitschen ruhen auf dem Schnee. »Aufdrahd, oani, zwoa, drei, dahin geht's«, gibt der erste in der Reihe das Kommando. Einer nach dem anderen lassen sie nun ihre »Goaßl« rhythmisch schwingen, schnalzen und knallen. Das Aperschnalzen ist ein Wettkampf zwischen verschiedenen »Passen« (Mannschaften) von sieben bis neun Männern und Frauen. Bis zu 1700

Schnalzer kommen aus der Region zusammen, um nach einem ausgefeilten Punktesystem von den Kampfrichtern bewertet zu werden.

Land	Bayern		Kultur	●●●●
Region	Rupertiwinkel		Action	●●●○
Zeit	Januar/Februar		Natur	●●○○

Skispringer in Willingen anfeuern

Schuld ist ein Norweger. 1924 wagte Thom Heselberg in der Nähe von Willingen einen Skisprung. Die Willinger waren begeistert von der neuen Sportart und bauten sich auch eine Schanze. Die heutige Anlage gilt als größte Großschanze der Welt, nur noch die Skiflugschanzen ermöglichen größere Weiten. Es kommen jedes Jahr Tausende begeisterte Fans, um den Skispringern zuzujubeln. In Willingen wird nämlich auch eines der Weltcupspringen ausgetragen. An zwei Wettkampftagen wird die kleine Gemeinde in Nordhessen zum Mekka des Skispringens, dann herrscht ordentlich Trubel auf dem Mühlenkopf.

Land	Hessen	Natur	●●●○
Region	Willingen	Action	●●●○
Zeit	Anfang Februar	Fun	●●●○

Ab auf die zugefrorene Alster!

Im Winter schauen die Hamburger besorgt auf das Thermometer. Minus neun Grad muss es tagsüber werden und nachts mindestens minus fünfzehn Grad, dann friert die Alster zu, dann ist das Eis tragfähig genug für das Alstereisvergnügen. Plötzlich ist die Alster voll mit schlittschuhfahrenden Hanseaten, Buden mit Glühwein sprießen aus dem Eis, und selbst Fahrradfahrer schlittern über die glatte Seefläche.

Land	Hamburg	Natur	●●●●
Region	Hansestadt	Erholung	●●●○
Zeit	bei Minusgraden	Fun	●●●○

Winterwandern auf Sylt

Schnee bedeckt die sandigen Dünen, die Gischt vereist am Meeressaum, am Strand sind nicht mehr allzu viele Inseltouristen anzutreffen. Der richtige Zeitpunkt also für eine Wanderung entlang des Strandes und über die Insel! Das Meeresrauschen und der kalte Wind werden den Spaziergänger in eine erfrischende Trance versetzen, aus der er nur durch eine dampfende Tasse Tee in einer Teestube gerissen wird.

Land	Schleswig-Holstein	Natur	●●●●
Region	Sylt	Erholung	●●●●
Zeit	bei Schnee	Atmosphäre	●●○○

8

Gänseführung auf der Bislicher Insel

Eine besondere Auenlandschaft unweit von Xanten am Niederrhein ist die Bislicher Insel. Sie zählt zu den letzten Auenlandschaften Deutschlands und ist auf einer Fläche von fast neun Quadratkilometern unter Naturschutz gestellt. Deshalb dürfen sich Besucher nur auf den markierten Wegen und einigen Aussichtshütten aufhalten, die ein Panorama auf die renaturierten Kiesgruben und den Altrhein mit seinen Schlammufern ermöglichen. Im Winter kann man bis zu 25 000 arktische Wildgänse beobachten, die hier Station machen.

Land	Nordrhein-Westfalen	Abenteuer	●●●○
Region	Xanten	Natur	●●●●
Zeit	Januar–März	Fun	●●●○

Fackelwanderung durch die Breitachklamm

Die Breitachklamm erstreckt sich von Oberstdorf bis ins benachbarte Kleinwalsertal. Die Breitach bahnt sich hier ihren Weg durch fast 100 Meter senkrechte Felswände. Um die einzigartige Atmosphäre des Naturdenkmals perfekt zu machen, werden in den Wintermonaten regelmäßig abendliche Fackelwanderungen angeboten. Im Schnee und Eis des Februars fühlt man sich dabei wie im Palast des Eiskönigs. Unvergessliche Eindrücke gewinnt man beim Anblick der Schneekristalle und Eisgebilde, die im Licht der Fackeln ihre Schatten werfen.

Land	Bayern	Abenteuer	●●●○
Region	Allgäu	Atmosphäre	●●●○
Zeit	Ende Dez.–Mitte März	Natur	●●●●

Neuschwanstein mit der Pferdekutsche

Die Hufe klappern auf dem Weg, schnaubend ziehen die Pferde die Kutsche den steilen Berg hinauf durch den Winterwald. Und ganz langsam wird hinter den kahlen Bäumen das Märchenschloss sichtbar. Wie die Vision einer idealen Ritterburg erscheint Schloss Neuschwanstein vor den Augen der Kutscheninsassen. Aus dem Mittelalter stammt das Schloss freilich nicht, seine Vorbilder liegen unter anderem in den Bühnenbildern für die Opern »Lohengrin« oder »Tannhäuser«. Die Errichtung von Neuschwanstein war ein Traum von König Ludwig II. von Bayern. Der Märchenkönig, wie er heute genannt wird, schwärmte für Richard Wagner. Neuschwanstein sollte auch einen Freundschaftstempel für den Komponisten darstellen. Doch Wagner besuchte Neuschwanstein nie und der König selbst hielt sich nur 172 Tage im Schloss auf. Als Residenz war der Bau auch nie gedacht. Im Inneren finden sich dekorative Säle und Grotten, aber kaum bewohnbare Räume. Ein echtes Traumschloss sollte es sein. Heute gehört das so zweckfreie Schloss zu den wohl berühmtesten Bauwerken Deutschlands.

Land	Bayern	Kultur	●●●●
Region	Garmisch	Natur	●●●○
Zeit	Dezember–März	Genuss	●●●○

Stadtbummel durch Füssen

Vor herrlicher Alpenkulisse liegt Füssen. Recht viele Bürgerhäuser gehen auf die Blütezeit der Stadt im 15./16. Jahrhundert zurück. Sehenswert ist etwa die reich ausgestattete barocke Stiftskirche St. Mang mit Fresken aus dem 9. Jahrhundert und der Klosterbibliothek. Das Stadtbild wird vom Hohen Schloss beherrscht, einst die Sommerresidenz der Augsburger Bischöfe.

Tipp

Februar

11

Eissegeln auf dem Steinhuder Meer

Das Steinhuder Meer ist der größte See Nordwestdeutschlands. Wenn es im Winter zufriert, bietet es ein besonderes Vergnügen: Eissegeln. Im Februar stehen die Chancen für tragfähiges Eis am besten. Vor mindestens 400 Jahren von holländischen Fischern erfunden, kann man das Steuern der Segelboote auf Kufen hier ebenso erlernen wie das Segeln im Sommer und viele Schulen und Clubs verleihen im Winter Eissegler.

Schnell wie der Wind saust man über den zugefrorenen See, während die Kufen in der Sonne blitzen.

Land	Niedersachsen	Action	●●●○
Region	Wunstorf	Fun	●●●○
Zeit	bei Minusgraden	Natur	●●●○

12

Skilanglauf im Harz

Ob Vollprofi oder Amateur: Der Harz eignet sich für jeden Langläufer. Über 500 Kilometer Loipen warten auf die Ausdauersportler. Dabei reicht die Bandbreite von dem für Anfänger gut geeigneten Rundkurs Mühlenbergloipe bei Altenau bis hin zur für Fortgeschrittene ausgelegten, sechs Kilometer langen Oderbergloipe bei Sankt Andreasberg. Die Streckennetze ziehen sich durch den Nationalpark Harz, aber auch über das Oberharzer Plateau sowie durch die Landschaft des Südharzes. Egal, auf welchen Loipen man läuft, im Harz wird die Faszination des Sports deutlich.

Land	Niedersachsen	Natur	●●●●
Region	Harz	Erholung	●●●○
Zeit	Januar–März	Fun	●●●○

13

14

Wallgauer Schlittenhunderennen

In dem Moment, wo der Starter »Go!« ruft, rennen die Hunde los. Mit einer Geschwindigkeit von fast 40 Stundenkilometern ziehen die Siberian Huskys, die Alaskan Malamutes oder die Samojeden die Schlitten über die Strecke. Der »Musher« (Schlittenfahrer) steuert das Gefährt und hält seine Tiere mit aufmunternden Zurufen bei Laune. Jedes Jahr gehen hier bis zu 100 Schlitten und 1000 Hunde an den Start!

Land	Bayern	Action	●●●●
Region	Wallgau (Garmisch)	Fun	●●●○
Zeit	Mitte Februar	Natur	●●●○

Haldenkunst im Winter bewundern

Auf der Suche nach dem »schwarzen Gold«, der Kohle, gruben sich die Bergarbeiter des Ruhrgebiets tief in die Erde. Das dabei ausgehobene Gestein, die Schlacke und den Schutt türmten sie zu Halden, künstlichen Bergen, auf. Über 100 Meter hoch wuchsen diese im Laufe der Zeit. Auf vielen Haldengipfeln im Ruhrgebiet entstanden nach dem Ende des Kohleabbaus Skulpturen namhafter Künstler.

Land	Nordrhein-Westfalen	Kultur	●●●●
Region	Ruhrgebiet	Atmosphäre	●●○○
Zeit	Januar–März	Erholung	●●○○

Februar

15

Pferdeschlittenrennen in Rottach-Egern

Die Goaßlschnalzer lassen ihre Peitschen knallen, die Alphornbläser ihre Hörner erschallen, aber sie sind heute nicht die Hauptattraktion auf der Ropferwiese. Es sind vielmehr die Pferde, die auf das Startsignal warten. Alle zwei Jahre findet das Pferdeschlittenrennen in der Gemeinde am Tegernsee statt. Es ist kein mondänes Derby, sondern geht vielmehr auf bäuerliches Brauchtum zurück. Denn die Pferde mussten auch in den langen Wintermonaten bewegt werden, und so veranstaltete man mit den Arbeitstieren eben Rennen.

Land	Bayern		Action	●●●●
Region	Tegernsee		Fun	●●●○
Zeit	Mitte–Ende Februar		Natur	●●●○

Rodeln in München

Winterzeit ist Schlittenzeit! Kaum liegt der erste Schnee, wird das Kufengefährt aus dem Keller oder vom Dachboden geborgen und generalüberholt. Anfänger oder kleinere Kinder finden ihren Rodelspaß im Englischen Garten beim Monopteros. Der Hügel ist nicht sehr hoch und die Abfahrten sind kurz. Da sieht es im Olympiapark anders aus: Auf den Abhängen der Anlage gibt es auch steile Pisten für wagemutige Schlittenprofis. Oberhalb der Theresienwiese kann man sich im Schatten der fast 19 Meter hohen Bavaria den Hang hinunterstürzen. Am längsten soll der Schnee am Luitpoldberg liegen.

Land	Bayern	Action	●●●○
Region	München	Fun	●●●●
Zeit	Dezember–April	Natur	●●○○

Warnemünder Wintervergnügen

Hier lockt ein winterliches Erlebniswochenende mit einem bunten Programm zum Mitmachen und Staunen die Besucher an den Strand des Ostseebads Warnemünde bei Rostock. Die Attraktionen reichen von Kamelreiten sowie Stöbern und Schlemmen auf dem Wintermarkt an der Promenade bis hin zu Strandfeuern, einem Drachenfest und Rockmusikabenden in den Restaurants, Kneipen und Cafés. Höhepunkt ist das Eisbaden am Festsamstag, bei dem sich die Mutigen des Vereins »Rostocker Seehunde« in farbenfrohen Kostümen in die eisige Ostsee stürzen. Ein riesiger Spaß für Groß und Klein!

Land	Mecklenburg-Vorp.	Fun	●●●○
Region	Warnemünde	Genuss	●●●○
Zeit	Ende Jan./Anfang Feb.	Natur	●●●●

18

Winterliche Bastei erwandern

Keine Reisebroschüre über die Sächsische Schweiz kommt ohne ein Bild ihrer markanten Silhouette aus: Die Bastei wird kein Besucher auslassen. Der Ausblick vom Sandsteinplateau, das sich 194 Meter über der Elbe erhebt, ist einzigartig. Bei guter Sicht blickt man bis in die Lausitz. Aber auch wenn Nebel über dem Fluss liegt, mag man sich wie der »Wanderer über dem Nebelmeer« von Caspar David Friedrich fühlen.

»Schwer reißt man sich von dieser Stelle fort«, schrieb einer der ersten Besucher – und das hat sich bis heute nicht geändert.

Land	Sachsen	Natur	●●●●
Region	Sächsische Schweiz	Erholung	●●●○
Zeit	Januar–März	Atmosphäre	●●○○

Winterreiten an der Ostsee

Der Schnee knirscht unter den Hufen, warme Luft strömt aus den Nüstern, unter der Satteldecke ist das Winterfell zu sehen. Während das Pferd vergnügt voranstapft, kann der Reiter seinen Blick über die verschneite Landschaft oder bei einem Ausritt am Strand über das graue Meer streifen lassen. Pferden macht in der Regel Kälte weniger aus, daher sollte der Reiter sich gut einpacken. Thermokleidung ist angesagt, denn eine Erkältung sollte nicht das Ergebnis eines Ausritts im Winter sein. Wer also gut vorgesorgt hat, kann den Ritt durch die verschneite Landschaft Norddeutschlands richtig genießen.

Land	Mecklenburg-Vorp.	Fun	●●●●
Region	Ostsee	Action	●●●○
Zeit	Januar–März	Natur	●●●●

Mit dem Snowboard in der Halfpipe

In der Halfpipe wird Snowboarden zum Kunstspringen. Die Rampen, die einem aufgeschnittenen Zylinder ähneln, finden sich nicht in allen Snowparks der Skigebiete in Süddeutschland. Die Halfpipe kommt eigentlich vom Skateboarden, in den 1980er-Jahren wurde sie für das Snowboard entdeckt. Nach einem kurzen Anlauf schießt der Boarder in die Halfpipe, er nutzt die nach oben gebogenen Rampenseiten, um sich spielerisch in die Luft zu erheben. Gute Snowboarder zeigen dann ihr akrobatisches Geschick mit Drehungen um die eigene Körperachse oder ähnlichen, »Tricks« genannten, Sprüngen.

Land	Bayern	Fun	●●●●
Region	u. a. Chiemgau, Allgäu	Action	●●●●
Zeit	Januar–April	Natur	●●●●

21

Biikebrennen an der Nordsee

An der gesamten Nordseeküste, sowohl auf dem Festland als auch auf den Inseln und Halligen, werden am 21. Februar sogenannte Biikefeuer abgebrannt. Seit dem Mittelalter sollen sie symbolisch den Winter und böse Geister vertreiben. Denn die Nordfriesen mussten schon immer ganz besonders einfühlsam sein, um im Wechsel der Jahreszeiten und im Einklang mit der rauen Natur ihr Überleben zu sichern. Gäste sind bei diesem Spektakel herzlich willkommen. Besonders auf den Halligen, wie etwa auf Hallig Hooge, ist die Teilnahme ein unvergessliches Erlebnis.

Land	Schleswig-Holstein	Kultur	●●●○
Region	Nordsee	Natur	●●●○
Zeit	21. Februar	Atmosphäre	●●●●

Winter in Neuharlingersiel

So muss ein Fischerhafen aussehen: Rote Ziegelstein-
häuser ducken sich um das Hafenbecken, in dem die
Krabbenkutter schaukeln. Neuharlingersiel gilt als
einer der schönsten Ostfrieslands. Der Name leitet
sich von »Siel« ab, das gemauerte Wassertor
schützt(e) den Ort vor der anflutenden Nordsee.
Ende des 17. Jahrhunderts wird die Gemeinde erstmals urkundlich erwähnt. Besonders beschaulich
wird es am Hafen, wenn die Fischkutter, begleitet
von auf Beute hoffenden Möwen, zurückkehren.
Ihren Fang kann man abends in den Restaurants des
Ortes probieren.

Land	Niedersachsen	Kultur	●●●○
Region	Neuharlingersiel	Genuss	●●○○
Zeit	Januar–März	Atmosphäre	●●●○

Sassnitz im Winter

Die zweitgrößte Stadt Rügens wird vor allem von
ihrem Hafen mit dem Leuchtturm geprägt; er kann
sich im Winter, wenn der frische Ostseewind weht,
auch mal völlig vereist zeigen. Die Fischerei bestimmte einst das Leben der Stadt Sassnitz, ein Museum
erinnert heute daran. Am Hafen gibt es auch ein See-
fahrzeug anderer Art zu besichtigen: Das englische
U-Boot »H.M.S. Otus« wartet hier auf technikaffine
Besucher.

Land	Mecklenburg-Vorp.	Natur	●●●○
Region	Rügen	Kultur	●●○○
Zeit	Januar–März	Genuss	●●●○

Narrentreiben: »Fasnet« in Freiburg

24

★★★
Highlight
des Monats

»Fasnet« nennt sich hier die schwäbisch-alemannische »Fasnacht«. Im Gegensatz zum Narrentreiben in Mainz, Köln oder Düsseldorf, das als eine Art Protest gegen die französische Besatzung unter Napoleon entstand, ist die Fasnet in Freiburg im Breisgau und in der Region heidnischen Ursprungs. Das Narrentreiben hat ein strenges Ritual, über das die Narrenzünfte wachen. Unabdingbar sind das Narrenkleid (»Häs«) und die Gesichtsmaske (»Scheme«). Furchterregend kommen auch die Hexen mit bitterböser Maskenmimik und langem Besenstil daher. Andere Narren schlagen (»schnellen«) mit überlangen Peitschen (»Karbatschen«) oder machen mit Ratschen und Klappern Krach. Der Höhepunkt des Narrentreibens in Freiburg ist der Umzug am Rosenmontag, am »Fasnetmendig«. Dabei ziehen alljährlich mehr als 100 Zünfte und Gruppen sowie etwa 30 Musikkapellen, Fanfaren und Schalmeien durch den Ort. Als Zuschauer sollte man sich daher rechtzeitig einen guten Platz suchen.

Land	Baden-Württemberg	Kultur	●●●●
Region	Schwarzwald	Fun	●●●○
Zeit	Ende Feb./Anfang März	Action	●●●○

Gäste-Biathlon in Wallgau

Von Mitte Dezember bis Mitte März können sich Biathlon-Fans an jedem Mittwochvormittag auf die Spur der Wallgauer Olympia-Siegerin Magdalena Neuner begeben. Die Läufe für Gäste ab 18 Jahren beginnen im Biathlon-Stadion von Kaltenbrunn. Die Langlaufski müssen von den Teilnehmern mitgebracht werden. Gewehr und Munition werden zur Verfügung gestellt. Informationen unter: www.alpen welt-karwendel.de/biathlon

Land	Bayern	Action	••••
Region	Wallgau	Fun	•••◦
Zeit	Mitte Dez.–Mitte März	Natur	•••◦

Skitouren am Großen Arber

Den 1455 Meter hoch aufragenden Großen Arber nennt man auch den »König des Bayerischen Waldes«. Von seinen zwei Gipfeln aus hat man nicht nur einen herrlichen Blick über den Nationalpark, im Winter wird er auch zum Skigebiet. Es gibt genügend Lifte für Alpinsportler jeder Couleur, und so kommen auch Tourengeher auf ihre Kosten. Richtige Skitourengeher steigen selbstverständlich von Bodenmais aus selbst auf den kleineren Gipfel. Großen Spaß macht auch das Schlittenfahren von der Mittelstation bergab.

Land	Bayern	Natur	••••
Region	Bayerischer Wald	Fun	•••◦
Zeit	Januar–März	Erholung	••◦◦

Snowkiting auf der Wasserkuppe

Der bekannteste und mit 950 Metern auch der höchste Berg der Rhön ist nicht nur im Sommer ein beliebtes Freizeitziel. Im Winter, wenn Schnee liegt, kann man auf der Wasserkuppe dem neuen Trendsport Snowkiting nachgehen. Je nach Windstärke kann man sich hier schnell bis rasant von seinem Segel über die Pisten ziehen lassen. Es werden auch Kurse im Skigebiet im Snowkiting angeboten.

Land	Hessen	Action	••••	
Region	Landkreis Fulda	Fun	••••	
Zeit	bei Schnee	Natur	••••	

Winterspaziergang in der Lüneburger Heide

Während der Eiszeiten war die Lüneburger Heide ein ausgedehntes Gletschergebiet. Als sich die Erdoberfläche wieder zu erwärmen begann und die Gletscher schmolzen, wurden große Massen von Sand und Steinen bewegt. So entstand die höchste Erhebung der nordwestdeutschen Tiefebene, der 169 Meter hohe Wilseder Berg. Heute ist der Naturpark Lüneburger Heide eine der schönsten und ältesten Kulturlandschaften Deutschlands. So still und weit wie hier zeigt sich Deutschland nur selten. Die Rundlingsdörfer laden im Winter zum Aufwärmen ein.

Land	Niedersachsen	Natur	••••	
Region	Lüneburger Heide	Erholung	•••○	
Zeit	Januar–März	Genuss	••○○	

Februar

Eisstockschießen vor herrschaftlicher Kulisse in München

Als die Wittelsbacher Herrscher das Schloss Nymphenburg erbauten und natürlich auch einen repräsentativen Garten mit eigenem Kanalsystem planten, hätten sie sich es nicht träumen lassen, dass eines Tages das einfache Volk auf den zugefrorenen Seen und Kanälen ihr Vergnügen haben könnte. Sobald das Eis tragfähig ist, werden der Schlosskanal und das Rondell für die Eisstockschützen freigegeben. Beim »bayerischen Boule« treten zwei Mannschaften gegeneinander an. Es gibt wohl keine bessere Kulisse für den Sport als die Barockfassade des Nymphenburger Schlosses.

Land	Bayern	Action	●●●○
Region	München	Fun	●●●●
Zeit	Dezember–März	Kultur	●●●○

März

Seebäder an der Ostsee im Winter erleben

Im Winter umweht die Seebäder an der Ostsee ein Hauch Melancholie. Sie scheinen die vielen Badegäste, die sich im Sommer an ihren Stränden tummeln, zu vermissen. Aber gerade diese Einsamkeit und Stimmung machen einen Besuch der Seebäder im Winter einzigartig. In Binz auf Rügen zum Beispiel spaziert man entlang der nun wenig frequentierten Villen und Pensionen im Bäderarchitekturstil. Auch die in die Ostsee ragende Seebrücke hat der Wintergast fast ganz für sich allein. Wer einmal im Winter hier war, der möchte diese Stimmung nicht mehr missen.

Land	Schl.- H., Meckl.-Vorp.	Natur	●●●○
Region	Ostsee	Kultur	●●●○
Zeit	Januar–März	Genuss	●●●○

Südsee-Feeling in der Therme Erding

Die größte Therme der Welt befindet sich in Erding, rund 35 Kilometer nordöstlich von München. Zwar ist sie ganzjährig geöffnet, sommerliche Temperaturen, Südseepalmen und erfrischende Cocktails sorgen aber vor allem in der kälteren Jahreszeit – besonders bei tristem Märzwetter – für Urlaubsfeeling. Auf 185 000 Quadratmetern bieten 30 klimatisierte Thermen und Saunen und über 300 Wellness-Angebote Entspannung pur. Wer es actionreicher mag, findet im Erlebnisbad 27 verschiedene Rutschen oder vergnügt sich in den Wogen des Wellenbads.

Land	Bayern	Atmosphäre	●●●○
Region	Erding	Erholung	●●●●
Zeit	Oktober–März	Fun	●●●○

Fossiliensuche auf Rügen

Drei Treppen führen vom Höhenweg der Stubnitz, wie die Waldlandschaft im Herzen des Nationalparks Jasmund heißt, hinunter an den Strand. Zu Füßen des Kliffs kann man mit Glück Fossilien finden. Sie haben in der Kreidezeit kleine Ewigkeiten überdauert, bevor sie durch Wind und Wetter zum Vorschein kamen. Die beste Zeit, um versteinerte Seeigel oder Schwämme auf Rügen zu finden, ist das Frühjahr.

Land	Mecklenburg-Vorp.	Natur	●●●●
Region	Rügen	Abenteuer	●●○○
Zeit	März–April	Fun	●●○○

Bremens Schnoorviertel im Winter

Malerische enge Gassen schlängeln sich durch Bremens ältestes Stadtviertel. Die historischen kleinen Häuser aus dem 15.–18. Jahrhundert wurden aufwendig restauriert und locken Touristen in die Hansestadt. »Schnoor« bedeutet »Schnur«, wohnten hier früher Fischer- und Handwerker, darunter auch Seilmacher. Heute bestimmen Kunsthandwerkläden die Szenerie.

Land	Bremen	Atmosphäre	●●●●
Region	Freie Hansestadt	Genuss	●●●○
Zeit	Dezember–März	Kultur	●●●○

März

Winterliches Panorama von der AlpspiX genießen

Weit ragt die Plattform über den Rand des Gipfels, tief blickt man von ihr 1000 Meter ins Höllental hinab. Selbst wenn Nebel über dem Tal liegt, bleibt der Blick von der Aussichtsplattform spektakulär. Über dem Nebelmeer sieht man auf die Gipfel des Wettersteingebirges. AlpspiX nennt sich die 2010 eingeweihte Aussichtsplattform auf dem Osterfeldkopf. Sie liegt 13 Meter über den Bergrand und befindet sich auf rund 2050 Meter Höhe. Kann man sich vom Panoramablick auf die vielen Gipfel losreißen, dann tritt die Alpspitze in Sicht.

Land	Bayern	Natur	●●●●
Region	Zugspitzland	Abenteuer	●●●○
Zeit	ganzjährig	Fun	●●●○

Deichspaziergang in Pilsum

Ziel des Spaziergangs ist natürlich der aus der Werbung bekannte gelb-rot geringelte Leuchtturm des kleinen ostfriesischen Ortes Pilsum. Er steht mitten am Deich und ist Otto-Waalkes-Fans aus »Otto – Der Außerfriesische« bekannt. Aber der Spaziergang über den Deich ist nicht nur etwas für Filmfans. Von hier aus hat man einen herrlichen Blick über die winterliche Nordsee und über die verschneite flache Marschlandschaft der Krummhörn, die sich weit über den Horizont zu dehnen scheint. Pilsum selbst ist ebenfalls einen Blick wert, es zählt zu den Warfendörfern.

Land	Niedersachsen	Natur	●●●○
Region	Krummhörn	Kultur	●●○○
Zeit	Dezember–März	Erholung	●●●○

Aufwärmen im Jugendstilbad Darmstadt

Schlanke Ornamente, blumige Verzierungen, geschwungene Formen – auch in Darmstadt ließen sich Architekten, Maler und Designer von den neuen Gedanken des Jugendstils beeinflussen. Im 1901 errichteten Jugendstilbad erfahren nicht nur Körper und Seele Wohltat, sondern auch das kunstsinnige Auge. In den Jahren 2005–2008 aufwendig renoviert, sorgen heute ein modernes Spa und ausgedehnte Saunawelten für die nötige Entspannung. Historische Umkleidekabinen und der Prachtsaal des ehemaligen Herrenbades zeugen noch vom Glanz früherer Zeiten.

Land	Hessen	Erholung	●●●●
Region	Darmstadt	Genuss	●●●○
Zeit	ganzjährig	Kultur	●●○○

8

Schneeschuhtour um das Ofterschwanger Horn

Es knirscht unter den Füßen, aber die große Trittfläche der Schneeschuhe verhindert das Einsinken im Schnee – ein Vorteil, wenn man auch abseits planierter Wege im Winter sein Wanderglück suchen will. Schneeschuhwandern ist seit den 1990er-Jahren zum Trendsport geworden und eine leichtere Alternative zum Skitourengehen. Eine Einsteigertour bietet sich am Ofterschwanger Horn an: Die Vierer-Sesselbahn »Weltcup-Express« führt von Ofterschwang aus auf den 1406 Meter hohen Gipfel. Von dort beginnt ein Rundwanderweg um den Berg.

Land	Bayern	Natur	●●●●
Region	Oberallgäu	Fun	●●●○
Zeit	Januar–April	Erholung	●●○○

9

Kaffee genießen im Dresdner Taschenbergpalais

Nach einem ausgiebigen Spaziergang durch die barocke Altstadt Dresdens stehen Kaffee und Kuchen auf dem Programm. Besonders stilvoll genießt man sein Stück Torte im Café des Luxushotels Taschenbergpalais (heute Teil des Kempinski Dresden). Das Gebäude ließ August der Starke einst für eine seiner Mätressen errichten. Der Wiederaufbau des Hauses nach den Zerstörungen im Zweiten Weltkrieg wurde erst 1995 beendet. Heute erstrahlt das Taschenbergpalais in neuem Glanz.

Land	Sachsen		Genuss	●●●●
Region	Dresden		Atmosphäre	●●●○
Zeit	ganzjährig		Kultur	●●○○

10

März

Kamelreiten im Bayerischen Oberland

Eine schaukelnde Karawane zieht durch den Schnee im bayerischen Oberland, und man muss zweimal hinsehen, um seinen Augen trauen zu können: Ja, es handelt sich tatsächlich um Kamele, die hier die oberbayerische Winterlandschaft dem gewohnten Wüstensand vorziehen. Die Bayern-Kamele leben im malerischen Mangfalltal, gemeinsam mit einigen Eseln und einer Herde Lamas. Man kann sie in ihrem Beduinenzelt auf dem Kamelhof besuchen oder aber auch eines der über 30 Tiere zu einem Reitausflug nutzen. Dabei geht es auf den Wüstenschiffen gemächlich etwa anderthalb Stunden durch die hügelige Landschaft – ein herrlicher Trip zum Abschalten und Genießen. Stress fällt ab, wenn man sich dem ruhigen Geschaukel der sanften Kamele anvertraut.

Wer lieber selbst laufen möchte, kann dies bei Trekkingtouren in Begleitung von Eseln oder Lamas tun, auch hierzu gibt es ein ganzjähriges Angebot. Mehr Informationen findet man unter www.bayern-kamele.de

Land	Bayern		Natur	● ● ● ○
Region	Mangfalltal		Fun	● ● ● ●
Zeit	ganzjährig		Action	● ● ● ○

Tipp

Bergtierpark Blindham
Wer noch nicht genug Tierisches an einem Tag erlebt hat, der besucht im Anschluss an die Kameltour noch den Bergtierpark Blindham. Mufflons, Rot- und Damwild, aber auch Wildschweine, Lamas, Kaninchen und Hühner haben hier in einer großzügigen Anlage zwischen Wald und Wiesen ein Zuhause. Ein Spielstadl erfreut Kinder auch bei schlechtem Wetter.

Kultur pur in Leipzig

Die Buchmesse in Leipzig hat sich längst neben Frankfurt zum wichtigen Treffen der Buchbranche gemausert. Aber Leipzig hat kulturell noch einiges mehr zu bieten. So kann man z. B. im Bach-Museum auf den Spuren des Komponisten Johann Sebastian Bach wandeln, dem die Stadt vor der Thomaskirche ein Denkmal gesetzt hat. In der sehenswerten Kirche tritt auch regelmäßig der berühmte Thomanerchor auf. Nach einem ereignisreichen Tag kann man den Abend in der Gaststätte »Auerbachs Keller« ausklingen lassen, in der einst Johann Wolfgang von Goethe Gast war.

Land	Sachsen		Atmosphäre	● ● ● ○
Region	Leipzig		Genuss	● ● ○ ○
Zeit	Mitte März		Kultur	● ● ● ●

Winterliches Freiburg im Breisgau

Das Tor zum Südschwarzwald wird die Stadt auch genannt. Aber das allein ist es noch nicht, was Freiburg zu den schönsten Städten Deutschlands zählen lässt. Es ist auch die sehenswerte Altstadt mit ihren Bürgerhäusern aus dem 15. und 16. Jahrhundert. Und da ist natürlich noch das Münster: Markant aus rotem Sandstein erbaut, ragt der Turm der Kirche über der Stadt, 333 Stufen führen hinauf. Der Blick auf die Stadt und den winterlichen Schwarzwald ist unschlagbar.

Land	Baden-Württemberg	Kultur	●●●●
Region	Schwarzwald	Genuss	●●○○
Zeit	Januar–März	Atmosphäre	●●○○

Wasserschloss Lembeck besuchen

Gibt es nur Industriekultur im Ruhrgebiet? Weit gefehlt! Herrliche Wasserburgromantik bietet zum Beispiel das Schloss Lembeck. Die Anlage aus dem 17. Jahrhundert ist heute zu besichtigen. Im Schlossmuseum warten Ritterrüstungen, Gemälde, prachtvolle Gobelins und antike Möbel auf die Besucher. Auf einer Führung kann man noch mehr über die Historie des Anwesens erfahren. Danach lädt der Schlosspark zu einem winterlichen Spaziergang ein.

Land	Nordrhein-Westfalen	Kultur	●●●○
Region	Dorsten	Genuss	●●○○
Zeit	ganzjährig	Fun	●●●○

März

Gradierwerk in Bad Salzungen

Den natürlichen Solevorkommen in Bad Salzungen sind die Verdunstungsanlagen (»Gradierwerke«) zu verdanken, die ab dem Hochmittelalter in der Werra-aue zum Salzabbau gebaut wurden. Die Ostwand des Gradierwerks ist das letzte Überbleibsel von einst 24 Werken und stammt aus den Jahren 1796/97. Unter dem Begriff »Gradieren« versteht man heutzutage das Inhalieren des Salznebels, was erwiesenermaßen heilsame Wirkung auf das körperliche Wohlbefinden hat. Das Gradierwerk in Bad Salzungen ist täglich geöffnet, eine Tafel am Beginn des Rundwegs gibt Informationen zu Nutzungsmöglichkeiten.

Land	Thüringen	Erholung	●●●●
Region	Bad Salzungen	Atmosphäre	●●●○
Zeit	ganzjährig	Kultur	●●○○

Mittelalterliches Kriminalmuseum Rothenburg

Wer es gern schön schaurig mag, dem sei ein Stadt-spaziergang an einem nebligen Wintertag mit an-schließendem Besuch des Kriminalmuseums emp-fohlen – Deutschlands bedeutendste rechtshistori-sche Sammlung. Auf 2500 Quadratmetern werden 2000 Exponate aus 1000 Jahren Rechtsgeschichte präsentiert – von Folterinstrumenten über Schand-masken bis hin zu historischen Schriften zu Recht und Gesetz. Beim Anblick von Keuschheitsgürtel, Dau-menschraube & Co. wird dem Besucher erschreckend bewusst, wie drastisch die Rechtsprechung in frühe-ren Jahrhunderten war.

Land	Bayern	Kultur	●●●●
Region	Rothenburg o. d. T.	Fun	●●●○
Zeit	ganzjährig	Atmosphäre	●●○○

März

16

Baumwipfelpfade im Bayerischen Wald begehen

Ein Waldspaziergang im Winter ist immer ein Genuss. Im Nationalpark Bayerischer Wald kann man ihn in höchsten Höhen erleben. Zwei Baumwipfelpfade führen hier bis zu den schneebedeckten Baumspitzen. Der Waldwipfelweg in Sankt Englmar führt bis auf 30 Meter hinauf. Verpassen sollte man auf keinen Fall die Aussichtsplattform, von der aus man einen grandiosen Blick bis zu den Alpen genießen kann. In Neuschönau kann man über einen Kilometer lang und in bis zu 25 Meter Höhe schlendern. Der Höhepunkt: der eiförmige Baumturm.

Land	Bayern		Natur	●●●●
Region	Bayerischer Wald		Fun	●●●○
Zeit	Januar–März		Erholung	●●○○

17

März

Kunstsinniges Aufwärmen auf der Museumsinsel

Auf der Museumsinsel erwartet den Besucher auf weniger als einem Quadratkilometer ein einzigartiges Ensemble von fünf Museen. Hier kann man perfekt kalte und nebelige Wintertage verbringen.

Als einer der ersten Museumsbauten Deutschlands entstand das Alte Museum (1824–1828) nach Plänen von Schinkel, das antike Gemälde und Skulpturen präsentierte. Da der Platz bald nicht mehr ausreichte, ließ Friedrich Wilhelm IV. die gesamte Insel reservieren und zwei weitere Bauten in Auftrag geben. Nach Plänen des Schinkel-Schülers Friedrich August Stüler entstand das Neue Museum (1843–1855) zur Entwicklung der Künste vom alten Ägypten bis zur Renaissance, das 2009 neu eröffnete.

Die Alte Nationalgalerie (1866–1876), 2001 wiedereröffnet, war Malerei und Bildhauerei der Gegenwart gewidmet. 1904 wurde das Bode-Museum (vormals Kaiser-Friedrich-Museum) eingeweiht. Hier residieren nach Renovierung wieder die Skulpturensammlung, das Museum für Byzantinische Kunst und das Münzkabinett. 1930 kam das Pergamonmuseum hinzu, das erste Architekturmuseum der Welt, das riesige Fundstücke aus Vorderasien präsentiert und die Antikensammlung und das Museum für Islamische Kunst beherbergt.

Land	Berlin	Kultur	●●●●
Region	Berlin	Fun	●●○○
Zeit	November–März	Atmosphäre	●●●○

Tipp

Nach dem Museumsbesuch eine original Berliner Currywurst essen
Die Berliner Currywurst wird ohne Darm im Öl gebraten. Am besten genießt man sie im Traditionsimbiss »Konnopke« in der Schönhauser Allee, bei »Curry36« am Bahnhof Zoo oder in Bioqualität bei »Witty's« am Wittenbergplatz.

Skimuseum in Fischen besuchen

18

Im Allgäu ist der Skisport zu Hause. Das Gschwender-haus in Fischen ist ein altes Bauernhaus aus dem 17. Jahrhundert; hier kann man anschaulich erfahren, wie die Allgäuer früher gelebt haben. Es ist aber auch ein vom Internationalen Skiverband (FIS) prämiertes Museum über den Skisport. In der Ausstellung können Besucher gut verstehen, warum man heute zum Spaß auf zwei Brettern die Berge hinunterfährt.

Land	Bayern	Kultur	●●●○
Region	Fischen im Allgäu	Fun	●●○○
Zeit	ganzjährig	Atmosphäre	●●○○

Nachtführung im LVR-Archäolog. Park Xanten

19

Im dämmrigen Schein römischer Lampen, wie sie vor 2000 Jahren in Gebrauch waren, zeigt der LVR-Archäologische Park Xanten sein geheimnisvolles Gesicht. Was wissen wir über das Nachtleben in der antiken Stadt? Welche Gefahren lauerten in den dunklen Gassen, welche Mythen rankten sich um die Sternbilder am römischen Himmel? Spärlich beleuchtete Wohnräume bieten stimmungsvolle Einblicke in das private Leben. Ein Abstecher zum Amphitheater führt in düstere Gewölbe, in denen Gladiatoren auf ihren Kampf warten mussten. Die Nachtführungen finden von September bis März bei jeder Witterung statt.

Land	Nordrhein-Westfalen	Kultur	●●●○
Region	Xanten	Fun	●●○○
Zeit	September–März	Atmosphäre	●●●○

März

Krokusblütenfest in Husum erleben

Jedes Jahr Ende März ist Husums Schlosspark in ein zartes Lila getaucht. Es ist die Zeit der Krokusblüte. Nirgendwo in Norddeutschland gibt es mehr der hübschen Blumen an einem Fleck. Rund fünf Millionen sind es in Husum, auf 50 000 Quadratmeter verteilt! Diverse Märkte, Straßenmusiker und natürlich die Krönung der Krokusblütenmajestät erwarten den Besucher pünktlich zum Frühlingsanfang beim Krokusblütenfest. Am Schloss findet etwa ein Kunsthandwerkermarkt statt. Und viele Geschäfte in der Innenstadt sind an dem Wochenende geöffnet.

Land	Schleswig-Holstein	Kultur	●●●○
Region	Husum	Natur	●●○○
Zeit	Ende März	Genuss	●●●●

Fachwerkzauber in Quedlinburg

Quedlinburg war im Mittelalter die Stadt der Frauen, denn auf dem Schlossberg regierten adlige Stiftsdamen. Die Altstadt mit ihren 1300 Fachwerkhäusern, schmalen Gassen und kleinen Plätzen zählt zu den größten Flächendenkmälern Deutschlands. Dazu gesellen sich ein Schloss und ein Dom, in dem man den sächsischen Stützenwechsel bewundern kann. Das älteste Haus stammt aus dem 14. Jahrhundert. Kein Wunder, dass die UNESCO Quedlinburg der Aufnahme in das Weltkulturerbe für würdig befand.

Land	Sachsen-Anhalt	Kultur	●●●●
Region	Quedlinburg	Atmosphäre	●●●●
Zeit	ganzjährig	Genuss	●●○○

»Teetied« in der Spiekerooger Teestube

Es hat schon seinen Grund, warum Tee das Nationalgetränk der Ostfriesen ist. Nichts wärmt besser als der würzige Kräutersud nach einem langen Tag am und auf dem Meer oder nach einem Spaziergang am Strand. In der urigen Teestube lässt es sich sehr gut nach einem Tagesausflug auf der Insel einkehren und sich durch die Teekarte probieren.

Land	Niedersachsen	Genuss	●●●●
Region	Spiekeroog	Kultur	●●○○
Zeit	ganzjährig	Atmosphäre	●●●○

März

Zur Starkbierzeit nach München

Highlight des Monats

Die Bayerische Landeshauptstadt ist bekannt für ihre Bierkultur. München zählt neben den klassischen großen Brauereien wie Paulaner, Augustiner oder Hacker noch unzählige kleine. Und das ganze Jahr über gibt es diverse Anlässe, den wohlmundigen Gerstensaft zu feiern. Neben dem Oktoberfest ist der Rausch während der Fastenzeit, die oft auch als »fünfte Jahreszeit« gepriesen wird, in München groß. Das Starkbier – traditionell für die Mönche in der Fastenzeit gebraut, da es sehr kalorienhaltig ist – trägt so ausgefallene Namen wie »Maximator«, »Triumphator«, »Unimator«, »Aviator« oder »Salvator«. Es schmeckt süß und enthält viel Hopfen. Das Zentrum des ausgelassenen Bierkults im März ist die Festhalle der Paulaner-Brauerei auf dem Nockherberg.
Infos unter www.nockherberg.de

Land	Bayern	Genuss	●●●●
Region	München	Kultur	●●●○
Zeit	Mitte/Ende März	Fun	●●●○

Der Wartburg einen Besuch abstatten

Die Wartburg ist aus der deutschen Geschichte nicht wegzudenken. 1080 wird sie erstmals erwähnt, in ihrem Schutz entwickelte sich Eisenach. Landgraf Hermann I. baute die Wehrburg zu einem repräsentativen Sitz aus. Der »Sängerkrieg« – eine Sammlung mittelhochdeutscher Gedichte des 13. Jahrhunderts um einen angeblichen Dichterwettstreit auf der Wartburg – inspirierte viele Dichter und Musiker, so auch den Komponisten Richard Wagner. Martin Luther lebte 1521/22 unter dem Schutz des Kurfürsten Friedrich der Weise auf der Burg. Hier begann er mit der Übersetzung des Neuen Testaments.

Land	Thüringen	Kultur	●●●●
Region	Eisenach	Atmosphäre	●●●○
Zeit	ganzjährig	Fun	●●○○

Beim HutBall in Dresden mitfeiern

Zwei Nächte feiern – aber das nur mit origineller Kopfbedeckung! Der Fantasie sind dabei keinerlei Grenzen gesetzt, ganz nach dem Motto »sehen und gesehen werden«. Freitags gibt es einen beschwingt-fröhlichen Ball, am Samstagabend eine wilde Party. Bereits seit 25 Jahren feiern die Dresdner im Parkhotel Weißer Hirsch diesen etwas anderen Ball. Unbedingt Tickets vorab besorgen!

Land	Sachsen	Fun	●●●●
Region	Dresden	Kultur	●●●○
Zeit	Ende März	Atmosphäre	●●○○

März

Stilecht baden in der Wiesbadener Kaiser-Friedrich-Therme

Irisch-Römisches Bad nennt sich die Therme in Wiesbaden, weil man sich hier erst in einem Tepidarium und dann in einem Sudatorium auf eine höhere Körpertemperatur bringen kann, bis man sich in einem Frigidarium wieder herunterkühlt. Der Star der Therme ist der herrliche Jugendstilpool von 1913. Hier schwimmt man am liebsten auf dem Rücken, um nichts von der sehenswerten Architektur zu verpassen. Das Wasser der Therme kommt übrigens aus der zweitgrößten Thermalquelle Wiesbadens, der Adlerquelle.

Land	Hessen		Erholung	●●●○
Region	Wiesbaden		Genuss	●●○○
Zeit	ganzjährig		Atmosphäre	●●●○

27

März

Mandelwochen in der Pfalz

Wenn die Mandelbäume blühen, dann ist die Zeit für eine märchenhafte Inszenierung gekommen. Von Anfang März bis Ende April erstrahlen Burgen und Schlösser entlang der Deutschen Weinstraße in einer rosa Lichtsinfonie. Mitwirkende an den Mandelwochen sind unter anderem Burg Landeck bei Klingenmünster, Schloss Villa Ludwigshöhe bei Edenkoben, das historische Rathaus in Deidesheim und das Hambacher Schloss.

Um die Üppigkeit der Mandelblüte an verschiedenen Orten zu erleben, ist auch der 77 Kilometer lange Mandelpfad empfehlenswert. Er führt von Bad Dürkheim nach Schweigen-Rechtenbach nahe der französischen Grenze. Nicht vergessen werden sollten auch die verschiedenen Mandelblütenfeste in der Region. Informationen zu Terminen und Festorten gibt es unter: www.mandel bluete-pfalz.de

Land	Rheinland-Pfalz	Genuss	●●●●
Region	Deutsche Weinstraße	Kultur	●●○○
Zeit	März/April	Atmosphäre	●●●●

Tipp

Neustadt an der Weinstraße
Lohnenswert ist ein Bummel durch die Altstadt, die den größten Fachwerkbestand der Pfalz aufzuweisen hat. Besonders sehenswert ist der einem Pfälzer Sagenwesen gewidmete Elwedritsche- Brunnen am Marstallplatz. Rund um die Stadt sind neben dem Hambacher Schloss noch die Wolfsburg, die Burg Winzingen und das Haardter Schloss eine Besichtigung wert.

Internationales Jazzfestival Spiekeroog

Im Frühling übernimmt der Jazz wieder das Zepter auf der Nordseeinsel. Nationale und internationale Musikgrößen lassen Spiekeroog vibrieren. Swing, Jazz, Blues oder Boogie erklingen aus allen Ecken. Die Spielorte sind überall auf der Insel verteilt, sogar in Kirchen und auf Fähren. Gäste genießen während des Festivals einen Jazz-Brunch oder ein Jazz-Dinner. Karten für die Musikevents sollte man sich im Voraus besorgen!

Land	Niedersachsen	Kultur	●●●●
Region	Spiekeroog	Genuss	●●●○
Zeit	März/April	Atmosphäre	●●●○

Tour durch die Hörnerdörfer

Zu hören sind eigentlich nur das Schnauben der Rösser und das Quietschen der Kutsche, vielleicht noch das dumpfe Klappern der Hufe auf dem Schnee. So zieht man fast ganz still durch die herrliche Berglandschaft unterhalb der Gipfel der Hörnergruppe im Allgäu und durch die Hörnerdörfer Fischen, Ofterschwang, Obermaiselstein, Bolsterlang und Balderschwang.

Land	Bayern	Natur	●●●○
Region	Allgäu	Fun	●●●○
Zeit	Januar–März	Genuss	●●●○

Auf der Museumsmeile Bonn flanieren

Die ehemalige Bundeshauptstadt hat sich seit Anfang der 1990er-Jahre als bedeutender Museumsstandort etabliert. Entlang der Museumsmeile, eines Abschnitts der B 9, reihen sich die modernen Museumsbauten des Hauses der Geschichte (mit dem Bonn auch sich selbst ein Denkmal gesetzt hat), des Kunstmuseums und der Bundeskunsthalle.

Land	Nordrhein-Westfalen	Kultur	●●●●
Region	Bonn	Fun	●●○○
Zeit	ganzjährig	Atmosphäre	●●●○

Mörz

31

Fahrt mit dem Rasenden Roland

Nein, er rast nicht! Ganz im Gegenteil bewegt sich der »Rasende Roland« mit 30 Kilometern pro Stunde Höchstgeschwindigkeit recht gemächlich über die Insel. Trotzdem, oder vielleicht gerade deshalb, ist ein Ausflug mit der historischen Dampfeisenbahn ein Muss für Rügenbesucher. Der Zug verbindet Putbus mit Binz und Göhren. Die Fahrt kann ideal mit einem Schiffsausflug kombiniert werden, etwa mit einer Fahrt an der Kreideküste entlang oder über den Rügenschen Bodden zwischen Baabe Bollwerk und Lauterbach Mole.

Land	Mecklenburg-Vorp.	Fun	●●●○
Region	Rügen	Erholung	●●○○
Zeit	Frühling	Kultur	●●○○

April

1

Zum Ostermarkt nach Trier

Tagelang laufen die Vorbereitungen, dann ist es end-lich so weit: Der Trierer Ostermarkt geht los! Vier Tage lang kann man sich mit Osterschmuck eindecken, über Handwerk fachsimpeln, den ersten Wein des Jahres kosten, exotische und einheimische Frühlings-blumen bestaunen oder den verkaufsoffenen Sonn-tag zum Shopping nutzen. Auch die Natur legt sich im Frühling wieder mächtig ins Zeug und so erblühen die Moselufer erst hellgrün und dann bunt. Und endlich wird das sanfte Murmeln des Wassers bei einer Schiff-fahrt nicht mehr vom Zähneklappern übertönt.

Land	Rheinland-Pfalz	Atmosphäre	● ● ● ○
Region	Trier	Genuss	● ● ● ●
Zeit	Mitte März–Anf. April	Kultur	● ● ● ○

Frühlingserwachen in Rothenburg ob der Tauber

Das mittelfränkische Rothenburg zählt mit seiner wunderschönen Altstadt zu den Höhepunkten der Romantischen Straße. Ein schöner Anlass für einen Besuch ist das Stadtfest Frühlingserwachen inklusive Frühjahrswanderwoche. Wenn alles blüht und sprießt, lässt sich dann zwischen prachtvoll geschmückten Osterbrunnen der außerordentliche Charme der Stadt besonders gut genießen.

Land	Bayern	Atmosphäre ●●●○
Region	Rothenburg o. d. T.	Kultur ●●●●
Zeit	Ende März–Ende April	Natur ●●○○

Frühlingsbeginn auf der Insel Mainau

Im nordwestlichen Teil des Bodensees liegt die Insel Mainau – mit 45 Hektar Fläche die drittgrößte im See. Vielen ist sie als »Blumeninsel« bekannt, schließlich lassen sich in den ausgedehnten Park- und Gartenanlagen gegen eine Eintrittsgebühr fast das ganze Jahr über Blumen und Blüten in all ihrer Pracht bewundern. Doch der Frühling ist eine besondere Jahreszeit: Ende März eröffnet die große Orchideenschau das Blumenjahr, dann wird das Palmenhaus zu einem Paradies für Blumenliebhaber. Ende März bis Mitte Mai gibt es zudem auf der »Frühlingsallee« im östlichen Teil der Insel Tausende Frühlingsblüher.

Land	Baden-Württemberg	Natur ●●●●
Region	Insel Mainau	Atmosphäre ●●●●
Zeit	Ende März–Anf. April	Kultur ●●●○

April

4

Schloss Nordkirchen besuchen

Dem »westfälischen Versailles« kommt keine hiesige Anlage an Größe und Weitläufigkeit gleich. Im Jahr 1694 erwarb der Fürstbischof von Münster die damals noch bescheidene Wasserburg und beschloss, sie zum repräsentativen Schloss auszubauen. Natürlich nahm er sich den Sonnenkönig Ludwig XIV. zum Vorbild. Hofarchitekt Pictorius lieferte die Pläne, wobei er sich an französischen Schlössern orientierte.

Herausgekommen ist eine prächtige barocke Schlossanlage. Und auch der Schlossgarten kann sich sehen lassen, vor allem im Frühjahr.

Land	Nordrhein-Westfalen	Kultur	●●●●
Region	Münsterland	Atmosphäre	●●●○
Zeit	ganzjährig	Erholung	●●○○

Wandern in der Pfalz

Rheinland-Pfalz ist bekannt für seine Weine, es ist aber auch ein hervorragendes Wandergebiet. Die Landschaft um die Mosel und den Rhein mit den vielen Burgen und Weinbergen ist ein lohnendes Ziel für Wanderer. Das gilt natürlich auch im Winter und im Frühling. Dann bieten der Kuckucksweg im Lahn-Dill-Bergland, die Traumschleife Köhlerpfad oder der Leininger Burgenweg ganz andere Eindrücke als im Sommer. Die Luft ist kühl und frisch und in den Waldgebieten duftet es nach Frühling. Infos unter: www.tourenplaner-rheinland-pfalz.de

Land	Rheinland-Pfalz	Natur	●●●●
Region	Mosel/Rhein	Erholung	●●●●
Zeit	ganzjährig	Genuss	●●●○

Besuch im Bergwerk Rammelsberg

Im Jahr 968 wurde der Rammelsberg bei Goslar, in dem man schon zu Zeiten der Römer Erz abbaute, erstmals schriftlich erwähnt. Kaiser Heinrich II. ließ in der Nähe der reichen Silber- und Kupfervorkommen die mächtige Pfalz anlegen. Die UNESCO-Kommission nahm das Bergwerk in das Welterbe auf, weil es das einzige weltweit ist, das 1000 Jahre lang ohne Unterbrechung betrieben wurde. Heute können Besucher dort die verschiedenen Epochen der Bergbaugeschichte vom Mittelalter bis zur Moderne nacherleben. Besonders an verregneten Apriltagen lohnt sich der Tagesausflug hierher.

Land	Niedersachsen	Kultur	●●●○
Region	Kreis Goslar	Abenteuer	●●●●
Zeit	ganzjährig	Fun	●●●○

7

Internationales Musikfestival Heidelberger Frühling

Die malerische Kulisse der historischen Altstadt und des Schlosses lockt jährlich Tausende Besucher nach Heidelberg. Seit 1997 ist die Stadt am Neckar um eine Attraktion reicher: Im März und April begeistert der »Heidelberger Frühling« mit über 100 Veranstaltungen der klassischen Musik. Renommierte Künstler, Orchester und Ensembles präsentieren dabei bekannte Kompositionen und innovative Werke. Wer live dabei sein will, der sollte sich unbedingt vorher Tickets sichern!

Land	Baden-Württemberg	Atmosphäre	●●●○
Region	Heidelberg	Erholung	●●●○
Zeit	Mitte März–Mitte April	Kultur	●●●●

Osterbrauchtum im Taubertal erleben

Um die Osterzeit (ca. 14 Tage vor Ostern und danach) lohnt sich ein Besuch des Taubertals ganz besonders. Für das Fest dekorieren die Taubertäler ihre Brunnen mit Girlanden aus Reisig, bunten Eiern und Schleifen. Allein in der »Brunnenstadt« Külsheim gibt es 15 Osterbrunnen. Auch die Tradition des Osterwassers, das in der Nacht zum Ostersonntag aus einem Bach geschöpft und als Lebenselixier getrunken wird, hat hier die Zeit überdauert. Überdies werden andere Osterbräuche wie Ostereierschießen, Osterfeuer, Märkte und Konzerte liebevoll gepflegt.

Land	Baden-Württemberg	Kultur	●●●●
Region	Taubertal	Genuss	●●●○
Zeit	um Ostern	Atmosphäre	●●●●

Osterbrunnen in der Fränkischen Schweiz

Der Brauch, einen Osterbrunnen zu schmücken, besteht in der Fränkischen Schweiz schon seit mehr als 100 Jahren. In rund 200 Orten in der Region wird dieser Brauch bis heute gelebt. Von Palmsonntag bis etwa zwei Wochen nach Ostersonntag sind die Brunnen mit Girlanden, Kränzen, Blumen und handbemalten Eiern geschmückt. Der Osterbrunnen in Bieberbach in der Gemeinde Egloffstein wurde sogar im Guinness-Buch der Rekorde als »größter Osterbrunnen der Welt« verewigt.

Land	Bayern	Kultur	●●●●
Region	Oberfranken	Genuss	●●○○
Zeit	um Ostern	Atmosphäre	●●●●

April

Das Frühlingserwachen im Schwarzwald

Alles wird Grün, und die vielen Karseen werden langsam warm genug, um zumindest kurz einmal die Füße im Wasser baumeln zu lassen. Die Temperaturen locken ins Freie, auf einigen Weingütern werden die ersten Frühjahrsweinproben angeboten und Kletterparks öffnen nach der Winterpause wieder ihre Türen. Und auch einige althergebrachte Bräuche fallen in den Frühling. Zentral ist zum Beispiel Ostern, hier im Schwarzwald gibt es dann die traditionelle Feuerweihe am Karsamstag, bei der die Osterkerze entzündet wird.

Land	Baden-Würtemmberg	Natur	••••
Region	Schwarzwald	Erholung	•••○
Zeit	um Ostern	Kultur	•••○

Spazieren im Magdeburger Klosterbergegarten

Die im Jahr 1825 nach Plänen des Gartenarchitekten Joseph Peter Lenné angelegte Grünanlage war einmal Deutschlands erster Volkspark. Zu den besonderen Attraktionen zählen das von Karl Friedrich Schinkel entworfene Gesellschaftshaus sowie die historischen Gruson-Gewächshäuser (1895) mit über 3000 exotischen Pflanzen. Ruhe und Erholung bekommt man vor allem bei einem Spaziergang durch die ausgedehnte Parklandschaft.

Land	Sachsen-Anhalt	Natur	•••○
Region	Magdeburg	Kultur	••○○
Zeit	Frühling/Sommer	Erholung	••••

April

Dem Georgiritt in Traunstein beiwohnen

Alljährlich am Ostermontag treffen sich in Traunstein neuzeitliche Landsknechte, Bauern und Stadtvolk zum traditionellen Georgiritt, der zu den schönsten Umritten Altbayerns gehört. Angeführt von einem stimmgewaltigen Herold und ausgestattet mit Kostümen des Spätmittelalters setzt sich der Zug in Bewegung. Die Tradition des Schwertertanzes – Abschluss und Höhepunkt des Osterrittes – geht bis ins Jahr 1530 zurück und wird seit 1926 regelmäßig aufgeführt. Auch in anderen Chiemgauer Orten ist die Wallfahrt zu Pferde Tradition im Frühjahr.

Land	Bayern	Kultur	●●●●
Region	Traunstein	Fun	●●●○
Zeit	Ostermontag	Atmosphäre	●●●○

Frühlingsfest und Oldtimertreffen in München

13

Wenn der Frühling in die bayerische Landeshauptstadt kommt, dann ist es Zeit für die »kleine Wiesn«, wie das Frühlingsfest in München als Gegenstück zum großen Oktoberfest im Herbst genannt wird. Auf der Theresienwiese stehen dann nur zwei große Bierzelte, dafür werden die Besucher aber von über 100 Fahrgeschäften und Schaustellern unterhalten. Etwas Besonderes ist auch das Oldtimertreffen, das zeitgleich stattfindet.

Land	Bayern	Kultur	●●●○
Region	München	Kulinarik	●●●○
Zeit	Mitte/Ende April	Fun	●●●●

Mainschifffahrt in Seligenstadt

14

Eine Minifahrt über den Main kann man in Seligenstadt unternehmen. Dort sind die beiden Ufer noch durch eine Fähre verbunden, während die meisten anderen Mainfähren durch Brücken ersetzt wurden. Einmal die Ufer vom Fluss aus zu betrachten, hat einen ganz eigenen Reiz – und ist eine bequeme, erholsame Art der Fortbewegung obendrein. Auch auf dem Unterlauf des Mains verkehren Personenschiffe. In Seligenstadt lohnt es sich, die Basilika der ehemaligen Benediktinerabtei (Einhardsbasilika) zu besichtigen. Sie ist die größte erhaltene Basilika der Karolingerzeit. Auch der Klostergarten ist wunderschön.

Land	Hessen	Erholung	●●●○
Region	Seligenstadt	Genuss	●●●○
Zeit	April–September	Kultur	●●○○

Sternschnuppen beobachten

Im April lohnt es sich, abends einmal länger wach zu bleiben bzw. morgens sehr früh aufzustehen, denn dann sind die Lyriden wieder am Nachthimmel zu sehen. Lateinisch »Lyra« bedeutet »Leier«; die Himmelserscheinungen werden so genannt, weil ihr Ausstrahlungspunkt im Sternbild Leier liegt. Lyriden sind – vereinfacht gesagt – äußerst schnelle Sternschnuppen: Mit 50 Kilometern pro Sekunde dringen sie in die Erdatmosphäre ein und verglühen. Beobachten kann man sie in klaren Aprilnächten in der gesamten Bundesrepublik.

Land	Deutschland	Atmosphäre	●●●○
Region	überall	Action	●●○○
Zeit	Mitte/Ende April	Fun	●●●○

April

16

April

Goslars Altstadt erkunden

Mit all ihren architektonischen Perlen ist die Altstadt Goslars beinahe so etwas wie ein Freilichtmuseum. Das recht gut erhaltene Stadtbild aus dem 15. Jahrhundert hat viel mit Erz zu tun. In dieser Zeit nämlich erlebte die Förderung einen ihrer Höhepunkte. Goslar konnte sich über hohe Einnahmen freuen, die umgehend in ein Rathaus, den Ausbau von Kirchen, die Erweiterung von Stadtmauer und Sicherungsanlagen und in vornehme Gildehäuser investiert wurden. Der Frühling eignet sich hervorragend für die Entdeckung der Stadt.

Den Marktbrunnen aus dem 13. Jahrhundert auf dem Marktplatz krönt ein Adler, einst das Symbol der Freien Reichsstadt. Das Rathaus mit Huldigungssaal und Ratsherrenstube stammt aus dem 15. Jahrhundert. Dahinter befindet sich die Marktkirche. Gegenüber dem Westportal steht ein mit Schnitzereien verziertes schönes Patrizierhaus aus dem 16. Jahrhundert. Eine Besichtigung wert sind auch die Jakobikirche mit ihrer Pietà (16. Jahrhundert) sowie die Neuwerkkirche (12./13. Jahrhundert) mit spätromanischen Wandmalereien. Beim heutigen Bau der Kaiserpfalz (11. Jahrhundert) handelt es sich um eine Rekonstruktion aus dem 19. Jahrhundert. Die St.-Ulrichs-Kapelle mit dem dort bestatteten Herzen Heinrichs III. geht auf das 11./12. Jahrhundert zurück. Sein Leib befindet sich im Dom zu Speyer. Das Mönchehaus-Museum für moderne Kunst zeigt eine Sammlung zeitgenössischer Werke. Darüber hinaus sind über die gesamte Stadt verteilt moderne Plastiken zu bewundern. Im Stadtteil Jürgenohl steht eine der schönsten Barockkirchen Norddeutschlands: die Klosterkirche des Augustiner-Chorherrenstifts.

Land	Niedersachsen	Kultur	●●●○
Region	Goslar	Genuss	●●○○
Zeit	April	Atmosphäre	●●●○

Walpurgisnacht in Goslar
In der Nacht vom 30. April zum 1. Mai sind wie im ganzen Harz auch in Golsar die Hexen los. Dann wird der Marktplatz zum wahren Hexenkessel: Hexen und Teufel tanzen zu Livemusik und begrüßen ab Mitternacht in Gedenken an die heilige Walburga den Frühling.

17

Aktiv am Bodensee

Der Bodensee ist ein Paradies für Wasserratten. Sobald die Temperaturen steigen, zieht es alle ans Wasser. Hier einige Vorschläge: Freizeitkapitäne finden rund um den Bodensee eine große Zahl von Segelschulen. Ein Netz an Kanuverleihstationen sowie geführte Touren in der Bodensee- und Hochrheinregion unterhält beispielsweise LaCanoa in Konstanz. Zwei der vielen empfehlenswerten Surfschulen mit Verleih sind die Surfschule Wasserburg und Tom's Aqua Club in Konstanz. Tauchkurse veranstaltet Tinas Tauchschule auf der Reichenau.

Land	Baden-Württemberg	Action	●●●●
Region	Bodensee	Fun	●●●○
Zeit	April–September	Natur	●●●○

18

Palmenhaus im Schloss Pillnitz

Der Schlosspark von Pillnitz beherbergt eine exotische Schönheit: das Palmenhaus. Es wurde 1859 erbaut und galt als das größte aus Gusseisen bestehende Gewächshaus seiner Zeit. Vorbild für den Bau waren die einige Jahre zuvor in Birmingham erbauten Gewächshäuser sowie der Kristallpalast in London. Nach dem Zweiten Weltkrieg konnte das Haus nicht mehr genutzt werden und wurde zunächst dem Verfall überlassen. Nach einer umfassenden Sanierung und Erneuerung ab den 1990er-Jahren ist das Palmenhaus seit 2009 erneut für Besucher geöffnet.

Land	Sachsen	Natur	●●●○
Region	Dresden	Kultur	●●○○
Zeit	Frühjahr	Atmosphäre	●●●○

»FestungsLeuchten« in Koblenz

Jeden Frühling heißt es in Koblenz »Es werde Licht
(-kunst)!« Denn dann ist wieder die Zeit des spektakulären »FestungsLeuchten«. Die Festung Ehren-
breitstein wird dabei von einem Lichtkünstler opul-
ent, emotional und märchenhaft in Szene gesetzt.
Lichter und Klänge leuten die Sommerzeit ein. Führungen durch sämtliche Ausstellungshäuser werden
angeboten. Am ersten Wochenende findet zudem

der Festungsfrühling mit verkaufsoffenem Sonntag
in der Koblenzer Innenstadt und mit buntem Programm für die ganze Familie statt.

Land	Rheinland-Pfalz	Kultur	●●●○
Region	Koblenz	Atmosphäre	●●●○
Zeit	Mitte April	Genuss	●●●○

20

Thüringer Bachwochen genießen

Thüringen ist Bach-Land: 1685 wurde Johann Sebastian Bach hier geboren und wuchs auch in Thüringen auf. Die Spielstätten der alljährlich stattfindenden Bachwochen sind mehrere historische Wirkungsorte des großen Komponisten. Virtuosen aus der ganzen Welt interpretieren die Stücke und machen Thüringen zu einem klangintensiven Musikerlebnis.

Land	Thüringen	Kultur	●●●●
Region	ganzes Land	Atmosphäre	●●○○
Zeit	März/April	Genuss	●●●○

21

Bootsfahren am Kloster Weltenburg

Das Kloster ist durch seine direkte Lage an der Donau prädestiniert als Anlaufstelle für Boote aller Art. Beliebte Donaupaddeltouren führen zum Beispiel von Vohburg zur Anlegestelle nach Stausacker/Weltenburg, von Neustadt an der Donau nach Stausacker/Weltenburg oder von Hienheim an dieselbe Anlegestelle. Wer kein eigenes Boot im Gepäck hat, kann sich vor Ort eines ausleihen.

Land	Bayern	Natur	●●●○
Region	Kelheim	Fun	●●○○
Zeit	April–Oktober	Erholung	●●○○

22

Die gelbe Pracht der Narzissenblüte bewundern

Knapp 300 Hektar werden Jahr für Jahr in der Eifel von den gelben Blüten regelrecht überschwemmt. Sie sind die ersten Boten des Frühlings und werden dementsprechend auch sehnsüchtig erwartet; nicht nur im Internet werden fleißig Prognosen aufgestellt, wann sie endlich erblühen. Wenn sie dann sprießen, wird das ausgiebig gefeiert mit dem Narzissenfest, das immer im April, aber stets in einem anderen Ort ausge-

richtet wird. Damit sich auch kommende Generationen noch an den Narzissenwiesen erfreuen können, wurden sie bereits 1976 unter Naturschutz gestellt.

Land	Nordrhein-Westfalen	Kultur	●●○○
Region	Eifel	Natur	●●●○
Zeit	April	Atmosphäre	●●●○

Ringelganstage

Jedes Jahr von Mitte April bis Mai lassen sich gewaltige Schwärme von Ringelgänsen auf den Halligen nieder. Rund 50 000 der braunbäuchigen Gänse rasten auf ihrem Weg an die Eismeerküste, wo sie brüten. Seit 1998 gibt es zu diesem Anlass die sogenannten Ringelganstage mit attraktiven Pauschalangeboten, um das Naturschauspiel beobachten zu können. Die Verleihung der »Goldenen Ringelgansfeder« an Menschen, die sich zum Schutz der Vögel einsetzen, bildet den feierlichen Auftakt der Festtage.

Land	Schleswig-Holstein	Natur	●●●●
Region	Halligen	Action	●●○○
Zeit	Mitte April–Mitte Mai	Kultur	●●○○

Stadtbummel durch Regensburg

Nicht nur die Domspatzen lassen im Frühling ihr Zwitschern ertönen, sondern auch allerhand andere Singvögel tun ihre Freude über die ersten wärmeren Sonnenstrahlen kund. Jetzt ist der beste Zeitpunkt gekommen, durch die Altstadt zu schlendern, bevor die Touristenströme des Sommers kommen, oder am Donauufer das erste romantische Picknick des Jahres zu genießen.

Land	Bayern	Kultur	●●●○
Region	Regensburg	Genuss	●●○○
Zeit	April–Mai	Erholung	●●○○

Schwimmen mit Pinguinen

Der 25. April ist Weltpinguintag. Und den kann man in den »Spreewelten« Lübbenau feiern: Nur durch eine große Plexiglasscheibe getrennt, planschen Mensch und Humboldt-Pinguin um die Wette. Bei der Pinguinfütterung können Badegäste sogar auf Tuchfühlung mit den Tieren gehen. Neben dieser besonderen Attraktion bieten die Spreewelten alle Annehmlichkeiten eines modernen Erlebnisbads.

Land	Brandenburg	Fun	●●●●
Region	Lübbenau/Spreewald	Abenteuer	●●●○
Zeit	ganzjährig	Atmosphäre	●●●○

Den Rothaarsteig erkunden

Der Rothaarsteig zählt zu den schönsten Höhenwegen Europas. 2001 als Weg der Sinne eröffnet, gilt er als Vorreiter für ein neues Wandererlebnis. In acht Etappen führt der Steig von Brilon im Sauerland über das Siegerland bis ins hessische Dillenburg. Dabei gilt es 154 Kilometer und fast 4000 Höhenmeter zu überwinden. Der größte Teil des Rothaarsteigs liegt im Naturpark Rothaargebirge. Die Wanderung führt auf naturnahen Wegen zu Sehenswürdigkeiten wie dem Kahlen Asten, dem Rhein-Weser-Turm, der Ginsburg und den Quellen von Ruhr, Eder, Sieg und Lahn.

Land	Nordrh.-Westf., Hessen	Natur	●●●●
Region	Rothaargebirge	Erholung	●●●●
Zeit	Frühjahr	Atmosphäre	●●●○

27

April

Zur Pferdewallfahrt ins bayerische Mittenwald

Der Georgiritt im oberbayerischen Mittenwald ist eine der schönsten Pferdewallfahrten Bayerns. Das festliche Spektakel zu Ehren des heiligen Georg, dem Schutzpatron der Pferde und Reiter, findet immer am letzten Aprilwochenende statt. Dabei ziehen prächtig geschmückte Rösser vor aufwendig dekorierten Kutschen, begleitet von Reitern und Musikkapellen, von Mittenwald hinauf zum Lautersee zur Kapelle Maria Königin.

Zur traditionellen Pferdewallfahrt kommen Touristen und Einheimische, um die festlich geschmückten Kutschen und Wagen und die herausgeputzten Rösser zu bewundern. Und das bei jedem Wetter. Bei dem vom Rosser- und Fiakerverein Mittenwald organisierten Ritt gab es in der Vergangenheit sowohl Regen und Schnee als auch sommerliche Temperaturen. Und jedes Mal war die Wallfahrt etwas Besonderes.

Land	Bayern	Atmosphäre	● ● ● ○
Region	Mittenwald	Erholung	● ● ○ ○
Zeit	letztes WE im April	Kultur	● ● ● ●

Tipp

Mittenwald

Mittenwald geht zurück auf eine im Scharnitzwald gelegene Rodungssiedlung »in media silva« und wurde 1096 erstmals urkundlich erwähnt. Neben Oberammergau ist Mittenwald ein Zentrum der Lüftlmalerei. Berühmt wurde der unweit der deutsch-österreichischen Grenze unmittelbar unter der grandios gezackten Bergkette des Karwendelgebirges gelegene Luftkurort jedoch vor allem durch den Geigenbau.

28

Schweriner Frühlingserwachen

In Schwerin wird der Beginn der warmen Jahreszeit an allen Ecken und Enden regelrecht zelebriert und ist fest mit traditionellen Veranstaltungen verbunden. Dazu gehört das »Schweriner Frühlingserwachen« im April, das den Auftakt des Kultur- und Gartensommers bildet, mit Blütenfest, verkaufsoffenem Sonntag und Konzerten. Auch der Saisonstart der Weißen Flotte ist ein tolles Event für jedermann. Zum Ende der Winterpause findet die Flottenparade statt, bei der die mit Flaggen herausgeputzten Schiffe gleichzeitig über Innen- und Heidesee fahren, sich überholen und zur Schau stellen.

Land	Mecklenb.-Vorp.	Atmosphäre	●●●○
Region	Schwerin	Erholung	●●●○
Zeit	Ende April	Kultur	●●●●

29

Stromerwachen in Warnemünde

Der Beginn der Saison wird in Warnemünde am Alten Strom mit dem Stromerwachen gefeiert. Höhepunkt ist, wenn die Drehbrücke für die vielen Kutter und anderen Boote geöffnet wird. Dazu gibt es Trachtenumzüge, ein Handwerkerdorf, in den geraden Jahren auch das internationale Drehorgeltreffen und natürlich viel Partyspaß. Das Saisonende wird dann Anfang September mit dem Stromfest gefeiert.

Land	Mecklenb.-Vorp.	Atmosphäre	●●●○
Region	Warnemünde	Fun	●●●○
Zeit	Ende April	Kultur	●●●○

April

Mit den Hexen auf dem Brocken tanzen

In der Nacht vom 30. April auf den 1. Mai wird es auf dem Brocken im Harz ge-spenstisch: Gruselige Hexen mit Zauberhut und Besen und dämonische Teufel mit Hörnern und Masken treffen sich während der Walpurgisnacht zum Tanz um das Feuer. Das Fest reicht zurück in die vorchristliche Zeit, als man mit Riten und Opfergaben den Frühling begrüßte und die bösen Wintergeister vertrieb. Heute geht es dabei weitaus gelassener zu: Begleitet von einem bunten Festprogramm mit Musik, Gauklern und Feuershows wird bis spät in die Nacht gefeiert, gelacht und getanzt. Ein riesiges Vergnügen für Jung und Alt!

Land	Deutschland	Kultur	●●●●
Region	Harz	Fun	●●●●
Zeit	30. April	Atmosphäre	●●●●

Mai

Maibaumaufstellen im Chiemgau

Brauchtum und Tradition sind im Chiemgau untrennbar mit Festen und Feiern verbunden. Dazu gehört der Maibaum, der am 1. Mai prachtvoll geschmückt auf zahlreichen Plätzen aufgestellt wird. Das Fest wird begleitet von Musik, Speis und Trank. Bis der Baum allerdings in seiner ganzen Pracht bewundert werden kann, sind einige Hürden zu nehmen. Ist er erst einmal ausgesucht, gefällt und in der Obhut der Gemeinde, muss er vor »Diebstahl« bewahrt werden. Meist sind es Burschen aus den Nachbargemeinden, die den Stamm entführen wollen.

Land	Bayern		Kultur	●●●●
Region	Chiemgau		Action	●●○○
Zeit	1. Mai		Fun	●●●○

Rheingauer Schlemmerwochen

Seit mehr als einem Vierteljahrhundert finden Ende April, Anfang Mai die traditionellen Rheingauer Schlemmerwochen statt. Mit ihnen wird die weintouristische Saison im Rheingau eröffnet. Zahlreiche Gastronomiebetriebe und Winzer bieten regionale Spezialitäten und natürlich Rheingauer Wein und Sekt an. Zugleich findet ein breites Spektrum an unterschiedlichen Veranstaltungen statt.

Land	Hessen	Genuss	●●●●
Region	Rheingau	Kultur	●●●○
Zeit	Ende April/Anfang Mai	Atmosphäre	●●●○

Filmkunstfest Mecklenburg-Vorpommern

Die besten deutschsprachigen Spiel-, Kurz- und Dokumentarfilme treten jedes Jahr in der ersten vollständigen Maiwoche in Schwerin zum Kampf um den »Fliegenden Ochsen« an. Neben dem Wettbewerb ziehen auch Kinder- und Jugendfilme, DEFA-Filmreihen, Hommagen an ein Gastland sowie Lesungen und Konzerte jedes Jahr rund 15 000 Besucher an.

Land	Mecklenb.-Vorp.	Kultur	●●●●
Region	Schwerin	Fun	●●●○
Zeit	Anfang Mai	Atmosphäre	●●●○

Mai

4

Den Lindenberger Hut-Tag feiern

Seit 1999 feiern die Lindenberger jedes Jahr im Mai ein großes Volksfest rund um die Kopfbedeckung. Die verschiedensten Hüte können auf einem Hutmarkt erworben werden und auf dem Stadtplatz wird ein buntes Unterhaltungsprogramm mit viel Musik geboten. Außerdem ist verkaufsoffener Sonntag. Und alle zwei Jahre wird am Hut-Tag auch die Hutkönigin gewählt.

Land	Bayern	Fun	●●●●
Region	Lindenberg im Allgäu	Kultur	●●●○
Zeit	erstes WE im Mai	Atmosphäre	●●○○

5

Ritterfestspiele in Bad Bentheim

Am ersten Maiwochenende versammelt sich eine stetig wachsende Fangemeinde im Schlosspark von Bad Bentheim, um prächtige Pferde und packende Shows zu bewundern. Neben einem Ritterturnier gibt es hier fünf Tage lang Feuerspektakel und buntes mittelalterliches Treiben mit Musikanten, Gauklern und Akrobaten.

Land	Niedersachsen	Fun	●●●●
Region	Bad Bentheim	Kultur	●●○○
Zeit	Anfang Mai	Atmosphäre	●●●●

Auf zum Walberlafest!

Eigentlich heißt das Bergmassiv, das aus dem Roden-
stein und dem Walberla besteht, Ehrenbürg – doch
die Franken selbst nennen den Tafelberg östlich von
Forchheim »Walberla«. Bereits im Mittelalter gab es
eine Wallfahrt mit einem Markt, aus dem sich das
heutige Walberlafest entwickelte. Im 18. Jahrhundert
pilgerten sogar Studenten aus Erlangen zum Berg-
fest, denn es war berühmt für seine Ausgelassenheit.

Es ist das älteste und urigste Frühlingsfest in Franken
und findet immer am ersten Wochenende im Mai
statt.

Land	Bayern		Kultur	●●●●
Region	bei Forchheim		Fun	●●●○
Zeit	erstes WE im Mai		Genuss	●●●○

7

Hamburgs Hafengeburtstag begehen

Der Hamburger Hafengeburtstag geht auf den Freibrief von Kaiser Friedrich Barbarossa zurück, der am 7. Mai 1189 den Hamburgern das Privileg der freien Schifffahrt auf der Unterelbe garantierte. Das Datum ist historisch nicht korrekt und die später aufgesetzte Urkunde entpuppte sich als Fälschung. Gefeiert wird aber trotzdem! Das Volksfest wird traditionell mit einem Gottesdienst in der St.-Michaelis-Kirche eröffnet. Highlights sind die Einlaufparade der Traditions- und Museumsschiffe, das Schlepperballett, das Drachenbootrennen und das Feuerwerk über dem Hafen.

Land	Hamburg		Kultur	●●●●
Region	Hamburg		Action	●●○○
Zeit	um den 7. Mai		Atmosphäre	●●●●

8

Beim Brahms-Festival in Lübeck in klassischer Musik schwelgen

Auch Lübeck wird von der Blütenpracht eines jeden Frühlings nicht verschont. Ein Spaziergang durch die Stadt wird so zu einer Tour durch ein Blütenmeer und zur ganz persönlichen »Gartenschau«. Neben kleinen Frühlingsfesten in einzelnen Stadtteilen findet außerdem ein Musikfestival der Extraklasse statt: Seit 1992 lädt die Musikhochschule Lübeck im Frühjahr zum Brahms-Festival ein. Dann werden die Werke des be-

rühmten Komponisten virtuos aufgeführt von leidenschaftlichen Professoren und talentierten Studenten der Hochschule.

Land	Schleswig-Holstein	Kultur	●●●●
Region	Lübeck	Atmosphäre	●●●○
Zeit	Anfang Mai	Genuss	●●○○

9

Ins Salzbergwerk Berchtesgarden fahren

Tief in die Erde fährt man mit der Grubenbahn ins Salzbergwerk in Berchtesgarden, auf dem letzten Abschnitt wird sogar gerutscht: 40 Meter geht es auf Holzrutschen bergab. Die Höhepunkte eines Besuches sind der Salzraum und der Salzsee. Man fährt mit dem Floß über den unterirdischen Spiegelsee. Im Bergwerk herrschen das ganze Jahr über 12 °C. Ein Besuch unter Tage lohnt sich also besonders bei schlechtem Wetter und an verregneten Frühlingstagen. Auf einer Führung erhalten Besucher bergmännische Erklärungen rund um das Salz.

Land	Bayern		Abenteuer	●●●●
Region	Berchtesgaden		Erholung	●●●○
Zeit	ganzjährig		Fun	●●●●

Zum GutsMuths-Rennsteiglauf

Der größte Crosslauf Europas wurde bereits mehrmals zum Marathon des Jahres gewählt. Jedes Jahr im Mai nehmen rund 15 000 Laufverrückte am Rennsteiglauf teil. Die sehr gut präparierten Strecken verlaufen auf Deutschlands berühmtestem Weitwanderweg, dem Rennsteig, in grüner Natur, über Berge und durch Täler sowie durch das UNESCO-Biosphärenreservat Vessertal. Verköstigt werden die Sportler mit Köstritzer Schwarzbier und Haferschleim. Der Endpunkt ist das »schönste Ziel der Welt«: Schmiedefeld. Dort wartet die mittlerweile legendäre Party auf die Läufer.

Land	Thüringen	Action	●●●●
Region	Thüringer Wald	Fun	●●●○
Zeit	Anfanf/Mitte Mai	Natur	●●●●

Kanufahrt auf Jagst und Kocher

Auf der Jagst können zwischen Berlichingen und Widdern sowie zwischen Möckmühl und Neudenau jeweils mehr als 25 Kilometer mit dem Kanu befahren werden. Der Kocher ist zwischen Schwäbisch Hall und Bad Friedrichshall (90 km) mit dem Kanu befahrbar. Der Hohenlohe + Schwäbisch Hall Tourismus e.V. gibt einen Überblick der verschiedenen Anbieter (www.hohenlohe-schwaebischhall.de). In Krautheim organisiert der Landgasthof »Zur Krone« den Kanuverleih. Die »Kocherflotte« bei Schwäbisch Hall veranstaltet Bootspartien und vermietet Boote.

Land	Baden-Württemberg	Action	●●●●
Region	Jagst und Kocher	Fun	●●●○
Zeit	März–September	Natur	●●●●

Mai

12

Mai

Wandern im Berchtesgadener Land

Um seinen Aufenthalt in diesem idyllischen Flecken zu planen, sollte man mit einem Besuch im Nationalparkzentrum Berchtesgaden in Schönau beginnen. Seit 1978 gehört der 210 Quadratkilometer große Süden des Berchtesgadener Landes zum ersten Nationalpark in den deutschen Alpen – und seit 1990 zum von der UNESCO ausgewiesenen Biosphärenreservat. So kann man hier ungestört majestätische Adler, Rotwild, Gämsen, Steinböcke und Murmeltiere beobachten.

Auf den Internetseiten der Nationalparkverwaltung werden geführte Wanderungen durch den Nationalpark angeboten. Hier einige Beispiele: »Im Tal der Adler«: Jeden Donnerstag wird eine Wanderung ins Klausental veranstaltet, bei der man das Revier des Steinadlers, sein Brutverhalten und seine Jagdstrategien kennenlernt. »Dem Murmeltier auf der Spur«: Eine Tour, die vor allem für Kinder interessant ist. In der Nähe der Königsbachalm werden unter fachkundiger Anleitung die scheuen Tiere beim Sonnen vor ihrem Bau beobachtet. »Kräuterwanderung«: Hier steht nicht der Gipfel im Mittelpunkt, sondern die Kräuter am Wegesrand. Man bekommt viele Erklärungen sowie Tipps und Tricks, wie man Kräuter verwenden kann. »Auf zur Sennerin«: Eine Sennerin erzählt auf der Schwarzbachalm über den Lebensraum Alm, wie Käse hergestellt wird und so manches kleine Küchengeheimnis. Es gibt auch Touren, die extra mit dem Prädikat »auch für Gehschwache« ausgezeichnet sind.

Land	Bayern	Natur	●●●●
Region	Berchtesgaden	Erholung	●●●○
Zeit	Frühling	Abenteuer	●●○○

Tipp

Malerwinkel
Ein kurzer Spaziergang vom großen Besucherparkplatz führt zum Malerwinkel. Von hier aus hat man einen wunderschönen Blick über den gesamten See. Eine Aussicht, die viele Maler inspiriert hat, nicht zuletzt auch Caspar David Friedrich, dessen Watzmannbild zu seinen bekanntesten Werken zählt (www.berchtesgadener-land.com/de/koenigssee-malerwinkel-rundwanderweg).

Die Rügener Hornfischtage genießen

Die Netze sind im Frühjahr vor Rügen und Hiddensee besonders gut mit Hornfisch gefüllt. Kein Wunder, dass sich die Fischer zusammen mit den Gastronomen einiges einfallen lassen, um Gästen den beliebten Fang schmackhaft zu machen. So laden sie jedes Jahr im Mai und Juni zu den Hornfischtagen ein, um in geselliger Runde mit Stampfkartoffeln und Rhabarberkompott zu schlemmen und Seemannsgarn zu spinnen. Infos unter: www.ruegen-hiddensee.de

Land	Mecklenburg-Vorp.	Kultur	●●○○
Region	Rügen	Kulinarik	●●●●
Zeit	Anfang Mai–Mitte Juni	Genuss	●●●○

Wochenendfahrt auf der Lahn

Die Lahn mit dem Kanu zu entdecken ist ein Natur- und Freizeitereignis ersten Ranges. Natürlich sollte auch der Weilburger Tunnel fester Bestandteil der Tour sein. Start für eine Wochenendfahrt ist die Schleuse in Solms-Oberbiel, möglicher Endpunkt kann das romantische Runkel sein. Mietstationen für Kanus gibt es überall an der Lahn. Einen guten Überblick über den Fluss und Adressen bietet der Bootsclub Limburg e.V. (www.bcl-lahn.de).

Land	Hessen	Natur	●●●○
Region	Lahn	Fun	●●●○
Zeit	April–Oktober	Action	●●○○

Stocherkahnfahrt auf dem Neckar

In Tübingen werden romantische Stocherkahnfahr-
ten auf dem Neckar angeboten. Dieses Freizeiterleb-
nis gehört zu einem Tübingenbesuch einfach dazu!
Früher durften nur diejenigen, die eigene Kähne be-
saßen, auf dem Fluss fahren. Seit etwa 30 Jahren ist
es dank dem Bürger- und Verkehrsverein auch nor-
malen Bürgern und Touristen erlaubt. Auf der ein-
stündigen Fahrt an der Neckarfront lässt man sich
gemütlich dahintreiben und genießt die abwechslungsreiche Aussicht auf die Ufer.

Land	Baden-Württemberg	Natur	●●○○
Region	Tübingen	Fun	●●●○
Zeit	Mai–September	Action	●●○○

Mit dem Gleitschirm über die Alpen

Die prächtige Bergkulisse der Ammergauer Alpen lässt sich im Tandemflug auch für Ungeübte von oben erleben. Der Anbieter Fly Royal (www.fly-royal.de) zum Beispiel offeriert Flüge vom Tegelberg, vom Breitenberg bei Pfronten, dem Buchenberg bei Buching und dem Laber in Oberammergau. Beim Gleitschirmfliegen hat man den einmaligen Blick aus der Vogelperspektive und dabei das sichere Gefühl, mit einem erfahrenen Piloten im Rücken durch die Lüfte zu schweben. Wer es einmal erlebt hat, will unbedingt mehr!

Land	Bayern		Natur	●●○○
Region	Ammergauer Alpen		Fun	●●●○
Zeit	April–September		Action	●●○○

17

Fahrt mit dem Römerweinschiff »Stella Noviomagi«

Das Vorbild der »Stella Noviomagi« ist ein antikes Weinschiff, das einst das Grab eines reichen Händlers zierte. Vorbei an berühmten Weinlagen wie der Trittenheimer Apotheke und dem Piesporter Goldtröpfchen fährt der Nachbau heute die Mosel auf und ab. An Bord erzählen Experten Wissenswertes über die lange Tradition des Weinanbaus in der Region. Informationen zu den Fahrten mit dem Römerweinschiff erhält man am besten über die Tourist-Information Neumagen-Dhron (www.neumagener-weinschiff.de).

Land	Rheinland-Pfalz	Natur	●●○○
Region	Neumagen-Dhron	Kultur	●●●○
Zeit	April–Oktober	Action	●●○○

18

Wandern in der Sächsischen Schweiz

In der Sächsischen Schweiz muss man einfach aktiv sein, Langeweile sucht man hier vergeblich. Die Frühlingssonne lockt alle Winterschläfer an die frische Luft, Felsen und Burgen möchten erklommen und entdeckt werden. Dabei ist die Sächsische Schweiz nicht nur für die sehr Sportlichen gut zum Wandern geeignet, jeder findet einen Weg in seiner Schwierigkeitsstufe. Märzbecherwiesen und aufleuchtende Buchenwälder machen Lust auf den Sommer, während die noch milden Temperaturen einen noch nicht so leicht ins Schwitzen bringen.

Land	Sachsen		Natur	●●●●
Region	Sächsische Schweiz		Erholung	●●●●
Zeit	April–Mai		Fun	●●○○

Amrumer Lammtage

Im späten Frühjahr, Ende Mai oder Anfang Juni, steht das Lamm auf der Nordfriesischen Insel Amrum im Mittelpunkt. Die Lammkönigin gibt sich die Ehre, die Trachtengruppe des Eilands tanzt, und natürlich kommt Lamm in unterschiedlichen Variationen auf den Teller. Informationen zu dem bunten Programm der Lammtage erteilt die AmrumTouristik unter www.amrum.de.

Land	Schleswig-Holstein	Natur	●●○○
Region	Amrum	Kultur	●●●○
Zeit	Ende Mai/Anfang Juni	Fun	●●○○

Töpfermarkt in Sindringen

In den idyllischen 900-Einwohner-Ortsteil von Forchtenberg, der mit einer malerischen Dorfkulisse mitsamt Stadtmauer und Schloss aufwarten kann, kommen jährlich 10 000 Besucher. Sie finden sich zu dem seit 1988 immer am dritten Wochenende im Mai stattfindenden Töpfermarkt ein, bei dem rund 70 Kunsthandwerker ihre Arbeiten präsentieren und zum Kauf anbieten. Das Töpferhandwerk hat im Ort eine lange Tradition. Höhepunkt ist das Schaubrennen, bei dem man den Herstellungsprozess vom Tonklumpen bis zur gebrannten Vase mit eigenen Augen verfolgen kann.

Land	Baden-Württemberg	Kultur	●●○○
Region	Forchtenberg	Atmosphäre	●●●○
Zeit	3. WE im Mai	Fun	●●○○

Mai

Prangerfest der Eppsteiner Stadtwache

Beim alljährlichen Prangerfest an Christi Himmelfahrt erwartet die Besucher ein mittelalterliches Treiben sowie ein historisch-unterhaltsames Programm. Auch kulinarische Spezialitäten aus der Ritterzeit dürfen bei diesem Fest der Eppsteiner Stadtwache nicht fehlen. Wer mag, kann die Burg erkunden und sich sogar an den Pranger stellen lassen – natürlich für einen guten Zweck (www.eppstein.de).

Land	Hessen	Kultur	●●○○
Region	Eppstein	Fun	●●●○
Zeit	Christi Himmelfahrt	Atmosphäre	●●●○

Heringstage in Kappeln

Am Himmelfahrtstag ermittelt die Stadt Kappeln ihr Heringskönigspaar – anhand einer Wette. Die teilnehmenden Prominenten haben bei gehörigem Einsatz zu schätzen, wie hoch das Gewicht des eingebrachten Fangs aus dem 500 Jahre alten Heringszaun in der Schlei ist, dem letzten funktionsfähigen in Europa. Begleitet wird das Ganze durch ein großes Volksfest mit buntem Programm bis zum Sonntag. Und natürlich kann man dann Hering in sämtlichen Varianten verkosten.

Land	Schleswig-Holstein	Kultur	●●○○
Region	Kappeln	Genuss	●●●●
Zeit	Christi Himmelfahrt	Atmosphäre	●●●○

Mai

Deutsches Spring- und Dressur-Derby

23

Pferdesport hat in Hamburg Tradition. Seit dem Jahr 1920 gibt es die »Mutter aller Derbys«, wie das Deutsche Spring- und Dressur-Derby gern genannt wird, bereits. Spitzenreiter aus aller Welt reisen dazu an, denn die Veranstaltung ist Teil der Global Champions und der DKB-Riders Tour. Entsprechend anspruchsvoll sind die sportlichen Darbietungen, die im Derby-Park Klein Flottbek präsentiert werden.

Sehen und gesehen werden spielt für die Zuschauer des Internationalen Spring-Derbys eine Rolle. Für Pferd und Reiter zählt hingegen die Herausforderung auf dem – hinsichtlich der Länge von 1230 Metern und der siebzehn Hindernisse – anspruchsvollsten Parcours der Welt. Wer hier fehlerfrei über den Wall und Pulvermanns Grab gekommen ist, darf sich zu Recht zu den Besten seiner Zunft zählen. Aber auch beim Dressurreiten misst sich die Crème de la Crème.

★ ★ ★

Highlight
des Monats

Land	Hamburg	Kultur	●●○○
Region	Hamburg	Action	●●●●
Zeit	Himmelfahrts-WE	Atmosphäre	●●●○

Internationales Bluesfest Eutin

Umsonst und draußen findet an einem Maiwochenende das »Blues Baltica« am Eutiner Markplatz
statt – nachts gehen die Sessions im Brauhaus weiter
bis in den frühen Morgen. Das Treffen hat sich inzwischen zu einem der bedeutendsten in Europa entwickelt mit einer bewussten Ausrichtung auf Musiker
aus dem skandinavischen und baltischen Raum.

Land	Schleswig-Holstein	Kultur	●●●●
Region	Eutin	Genuss	●●●○
Zeit	Mitte/Ende Mai	Atmosphäre	●●●○

Fahren mit der historischen Chiemsee-Dampfbahn

Die älteste Dampfstraßenbahn der Welt verbindet
seit 1887 den Bahnhof Prien mit der Schiffsanlege-
stelle Prien–Stock am Chiemsee. Gebaut wurde sie,
um den Besucheransturm auf die Insel Herrenchiemsee zu bewältigen. Heute ist die Schmalspurbahn mit
ihren charakteristischen grünen Waggons eine beliebte Touristenattraktion. Die Bänke der Chiemsee-
Bahn werden übrigens bis heute mit einer Farbe nach
einem altem Rezept aus dunklem Bier braun gefärbt!

Land	Bayern	Kultur	●●●○
Region	Chiemsee	Fun	●●○○
Zeit	Mitte Mai–Mitte Sept.	Atmosphäre	●●●○

Mai

Hohnsteiner Puppenspielfest

Zwei Tage, 20 Figurentheatergruppen, 50 Vorstellungen und bis zu 3000 Zuschauer: Das ist eine stattliche Bilanz für das hübsche Hohnstein, auf dessen charmanter Burg in verspielter Landschaft alljährlich im Mai das Puppenspielfest stattfindet. Wer von dort den angrenzenden Nationalpark Sächsische Schweiz erkunden will, kann in der Herberge der Burg übernachten. Eine frühzeitige Anfrage wird empfohlen!

Land	Sachsen	Kultur	●●●○
Region	Hohnstein	Fun	●●●●
Zeit	Ende Mai	Atmosphäre	●●●○

Emder Matjestage

Immer Ende Mai wird in Emden an die alte Tradition der Heringsfischerei erinnert. Wenn diese auch längst abgewandert ist, werden dennoch die Matjestage gefeiert. Traditionsschiffe kommen zu Besuch, es gibt viel Musik und natürlich Matjes in allen Variationen. Informationen zu dem Event gibt es unter: www. emden-touristik.de

Land	Niedersachsen	Kultur	●●○○
Region	Emden	Genuss	●●●●
Zeit	Ende Mai/Anfang Juni	Fun	●●●○

28

Wildpferdefang in Dülmen

Im Merfelder Bruch leben Wildpferde. Mit einem Jahr werden die Hengste geschlechtsreif. Dann ist es für den Erhalt der Dülmener Wildpferde notwendig, die Jährlinge von der Herde zu trennen. So werden beispielsweise gefährliche Rangkämpfe vermieden. Der Wildpferdefang – eine große Attraktion in Dülmen – findet seit 1907 jedes Jahr am letzten Samstag im Mai statt. Die Rasse gilt als klug, gutmütig und gelassen.

Die Tiere werden später als Reitpferde für Kinder oder als Kutschpferde genutzt.

Land	Nordrhein-Westfalen	Action	●●●●
Region	Dülmen	Kultur	●●●○
Zeit	letzter Sa. im Mai	Atmosphäre	●●●○

»SeeStadtFest – Landgang Bremerhaven«

Jede Menge Schiffe und ein buntes Programm in den Havenwelten warten bei diesem spannenden Fest Ende Mai auf die Besucher. Viel Musik, leckeres Streetfood und maritimes Kunsthandwerk sind geboten und auch das Angebot für Kinder kann sich sehen lassen. Die größte Attraktion sind freilich die großen und kleinen Schiffe.

Land	Bremen	Kultur	●●●○
Region	Bremerhaven	Fun	●●●○
Zeit	Ende Mai	Action	●●○○

Japanisches Kirschblütenfest Hamburg

Über 150 Jahre besteht bereits eine Freundschaft und Handelspartnerschaft zwischen Japan und Deutschland. Auch in Hamburg gibt es eine japanische Gemeinde, die jährlich im Mai ein Kirschblütenfest feiert, um sich für die Gastfreundschaft zu bedanken. An der Alster, in der Universität und im Japanischen Garten von Planten un Blomen werden Kampfkunst, Musik und Essen des Landes präsentiert. Alle zwei Jahre wird in diesem Rahmen die Kirschblütenprinzessin gewählt. Das Highlight des Festes ist das große Feuerwerk am Freitagabend an der Außenalster.

Land	Hamburg	Kultur	●●●●
Region	Hamburg	Atmosphäre	●●●○
Zeit	Ende Mai/Anfang Juni	Genuss	●●○○

Mai

31

Mai

Bei der Nordseewoche vor Helgoland Segelboote bewundern

Eine der bedeutendsten Segel-Veranstaltungen Europas findet zu Pfingsten traditionell rund um Helgoland statt. Topsportler liefern sich dabei mit ihren stolzen Jachten atemberaubende Wettkämpfe auf höchstem Niveau.

Die Nordseewoche wird bereits seit 1922 ausgetragen und ist mittlerweile eine Kultveranstaltung. Mit rund 1500 Teilnehmern ist die Regatta nicht nur eine der größten ihrer Art in Deutschland, sie ist zudem die einzige, die auf hoher See ausgetragen wird. Teilnehmen können Profis und Amateure gleichermaßen. Anfänger dagegen versuchen sich am Family-Cruiser-Cup (ohne Spinnaker- und Gennakersegel). So können sie herausfinden, ob ihnen das Segeln Spaß macht. Den krönenden Abschluss der Nordseewoche bilden verschiedene Langstrecken-Wettfahrten, u. a. von Helgoland bis an die nördlichste Spitze Dänemarks über die Ostsee nach Kiel oder von Helgoland ins schottische Edinburgh und zum Firth of Forth. Mehr Informationen sind unter www.nordseewoche.de zu finden.

Land	Schleswig-Holstein	Action	●●●●
Region	Helgoland	Fun	●●●○
Zeit	Ende Mai/Anfang Juni	Natur	●●○○

Helgolands Natur entdecken
Die Vogelinsel Helgoland ist ein Paradies für Ornithologen. Die spannendsten Beobachtungen lassen sich im Mai sowie im September und Oktober machen, wenn die Zugvögel Quartier nehmen. Wer lieber am Strand liegt, für den ist die Nebeninsel Düne mit ihrem weißen Sand das Richtige. Am Nordstrand lassen sich Seehunde und Kegelrobben beobachten.

Juni

White Sands Festival

Pünktlich zu Pfingsten (Ende Mai/Anfang Juni) ist es wieder so weit: Norderney gibt sich sportlich. Der Deutsche Windsurf-Cup macht Station auf der Nordseeinsel: Das Publikum fiebert mit bei den spektakulären Sprüngen und Loopings der Kitesurfer. An Land tragen Beachvolleyballer und -Volleyballerinnen das NVV Top 10-Turnier aus. Jeden Abend locken heiße Partys mit angesagten DJs, die elektronische Musik spielen, und Bars, in denen angesagte Drinks serviert werden.

Land	Niedersachsen	Action	●●●●
Region	Norderney	Fun	●●●○
Zeit	Pfingsten	Genuss	●●●○

Rettichfest in Schifferstadt

In Schifferstadt bei Mannheim gilt Anfang Juni alle Aufmerksamkeit dem Rettich! Es wird jedes Jahr eine Rettichkönigin gewählt, dazu gibt es Livemusik, Fahrgeschäfte, einen Rettichfestlauf und ein Radrennen. Das Highlight ist das Feuerwerk am letzten Abend.

Land	Rheinland-Pfalz	Kultur	●●○○
Region	Mannheim	Genuss	●●●○
Zeit	Ende Mai/Anfang Juni	Atmosphäre	●●○○

Juni

3

Zirkus- und Drachenfest in Tossens

Jedes Jahr zu Pfingsten steigen rund 300 Drachen in den Himmel über Butjadingen-Tossens. Sie kommen aus Deutschland, Dänemark und den Niederlanden. Die Höhepunkte des dreitägigen Festivals sind das Schlickschlittenrennen und die nächtliche Flugshow mit Feuereffekten am Sonntag. Dazu steht noch ein Mitmachzirkus auf dem Programm. Die Zuschauer sind vor allem von den schillernden Farben der Dra-chen begeistert. Wenn dann noch das Wetter frühlingshaft ist, steht einem Wochenende voller Spaß nichts mehr entgegen.

Land	Niedersachsen		Action	●●●○
Region	Butjadingen-Tossens		Fun	●●●○
Zeit	Pfingsten		Natur	●●○○

4

Juni

Kulturelle Vielfalt am Karneval der Kulturen zelebrieren

An Pfingsten liegt die Karibik in Kreuzberg, und nicht nur die. Seit 1996 veranstaltet die Neuköllner Werkstatt der Kulturen um das Pfingstwochenende herum einen Karneval der Kulturen, der sich im Laufe der Jahre zu einem viertägigen Volksfest entwickelt hat, an dem mittlerweile Hunderttausende von Besuchern ihre Freude haben.

Hintergrund der Veranstaltung ist das Bestreben Berlins als Stadt mit dem höchsten Ausländeranteil Deutschlands, seiner Rolle als »Integrationswerkstatt« gerecht zu werden: Integration, so die Veranstalter, kann aber nur gelingen, »wenn kulturelle Vielfalt, gegenseitiger Respekt und Toleranz tatsächlich erlebbar und erfahrbar sind«. So soll der Karneval der Kulturen »das künstlerische Potenzial der in Berlin lebenden Zuwanderer fördern, sichtbar, hörbar und erlebbar machen«. Mit fantasievollen Masken und Kostümen präsentieren beim Karnevalsumzug am Pfingstsonntag auch diejenigen der rund 450 000 in Berlin lebenden Ausländer ihre Kultur, deren Heimat keinen Karneval kennt. Sie stellen sich öffentlich dar und zeigen sich zugleich als Teil der Bevölkerung, der vielen ihrer Nachbarn noch fremd ist, es aber nicht bleiben will. Alle Altersgruppen nehmen teil, und alle zusammen machen den Karneval der Kulturen zu einem Fest der Sinne, bei dem man meinen könnte, die Karibik läge in Kreuzberg. Und nicht nur die.

Land	Berlin		Fun	●●●●
Region	Berlin		Atmosphäre	●●●○
Zeit	Pfingsten		Action	●●●○

Tipp

Abstecher nach Friedrichshain

Wo die Spree am breitesten ist, trennt sie Friedrichshain und Kreuzberg, die sich bis zu ihrer Fusion im Zug der Verwaltungsreform 2001 unterschiedlich entwickelt haben. In Friedrichshain haben sich in den ehemaligen Hafengebäuden hippe Kneipen und Restaurants niedergelassen, in einigen Industriebauten befinden sich Clubs und sogar Kletteranlagen. Dieser Stadtteil will entdeckt werden!

Rothenburgs »Der Meistertrunk« erleben

Das historische Festspiel, das über die Pfingstfeier-
tage (Freitag bis Montag) alljährlich in Rothenburg
ob der Tauber aufgeführt wird, handelt von der Ein-
nahme der protestantischen Reichsstadt im Dreißigjährigen Krieg (1631) durch kaiserliche Truppen und
von ihrer glücklichen Rettung durch drei und ein Viertel Liter Wein. Neben der täglichen Aufführung des
»Meistertrunks« ist vor allem der historische Heeres-
zug mit über 700 Teilnehmern der Höhepunkt am
Pfingstsonntag (www.meistertrunk.de).

Land	Bayern	Kultur	●●●●
Region	Rothenburg o. d. T.	Fun	●●●○
Zeit	Pfingstsonntag	Atmosphäre	●●●○

Pfingstmarkt in Neukloster

In dem Buxtehuder Stadtteil findet seit mehr als 130 Jahren jedes Jahr der weit über die Grenzen der Region hinaus bekannte, größte Pfingstmarkt Norddeutschlands statt. Er lockt jährlich 100 000 Besucher in die Stadt und findet immer von Pfingstsamstag bis Pfingstmontag statt (Infos unter: www.heimatverein-neukloster.de).

Land	Niedersachsen	Fun	●●●●
Region	Buxtehude	Action	●●●○
Zeit	Pfingst-Sa.–Mo.	Atmosphäre	●●○○

Staunen beim Binzer Strandskulpturenfestival

Kleine Kinder sitzen stundenlang im Sand, mit Eimer und Schaufel, und bauen eine Sandburg nach der anderen. Die Eltern beobachten entspannt das Treiben und planen den nächsten Tag in einem der Seeorte. Aber nicht nur kleine Kinderburgen zieren auf Rügen den Strand. Beim jährlichen Strandskulpturenfestival in Binz werden regelrechte Kunstwerke aus Sand erschaffen, die von zahlreichen Besuchern bewundert werden.

Land	Mecklenb.-Vorp.	Kultur	●●●○
Region	Rügen	Fun	●●●●
Zeit	März–November	Natur	●●○○

Juni

Mit Schlauchboot und Kanu auf der Elbe

Ein Abenteuer mit viel Spaß und herrlichen Naturein-drücken bietet eine Bootsfahrt auf der Elbe mit dem Schlauchboot oder Kanu. Schlauchboote mit und ohne Motor sowie Paddelboote und Kanadier kann man sich zum Beispiel in der Stadt Wehlen mieten. Die Boote sind unsinkbar und für Binnenwasserstra-ßen zugelassen.

Land	Sachsen	Abenteuer	●●●●
Region	Elbe	Fun	●●●○
Zeit	April–Oktober	Natur	●●●○

Pferdesport beim Longines Balve Optimum

Jährlich im Mai oder Juni trifft sich die Welt des Pferdesports zum Balve Optimum im Sauerland. Das viertägige Sportevent auf dem Turniergelände bei Schloss Wocklum ist eines der traditionsreichsten Reitturniere Europas und war bereits Austragungsort der Deutschen Meisterschaft im Dressur- und Spring-reiten.

Land	Nordrhein-Westfalen	Action	●●●●
Region	Balve	Fun	●●●○
Zeit	Anfang Juni	Atmosphäre	●●○○

Juni

10

Zingster Zeesbootregatta

Mit ihrer großen Segelfläche sind Zeesenboote ein imposanter Anblick und können auch beträchtliche Geschwindigkeiten erreichen. Jüngstes Event dieser alten Tradition ist die Zingster Zeesbootregatta im Juni. Die alten Schiffe sammeln sich zunächst im Hafen und fahren dann auf den Bodden hinaus, um gegeneinander anzutreten. Die Regatta findet während dem Hafenfest statt und zieht jährlich Hunderte Zuschauer an. An Land warten Musik und kulinarische Köstlichkeiten auf die Besucher.

Land	Mecklenb.-Vorp.	Action	●●●○
Region	Zingst	Fun	●●●○
Zeit	Anfang/Mitte Juni	Atmosphäre	●●●○

11

Blumenschmuck bei den Steinfurther Rosentagen bestaunen

In Steinfurth, dem ältesten Rosendorf Deutschlands, dreht sich alles um die Königin der Blumen. Zu Ehren der Rose findet Mitte Juni an allen geraden Jahren in diesem Bad Nauheimer Ortsteil das traditionelle Rosenfest statt. Neben einer spektakulären Rosenschau sind der Rosenmarkt und der Rosenkorso mit wunderschön geschmückten Prunkwagen für jeden Blumenfreund ein Muss. Noch mehr Einblick in die Welt der Rosen gibt es im Steinfurther Rosenmuseum (Infos unter: www.bad-nauheim.de).

Land	Hessen		Atmosphäre ●●●○
Region	Bad Nauheim		Genuss ●●●○
Zeit	Mitte Juni		Natur ●●○○

Mitsingen beim Tag der Shanty-Chöre

Shantys sind der Inbegriff maritimer Musik. Jedes Jahr an einem Wochenende im Juni treffen sich große Chöre dieser Gattung aus dem In- und Ausland in Cuxhaven und bringen die Stadt zum Klingen. Wer mag, geht abends zur großen Gala in der Kugelbake-Halle oder findet sich tagsüber im Kurpark zu den wechselnden Konzerten ein.

Land	Niedersachsen	Kultur	●●●●
Region	Cuxhaven	Fun	●●●○
Zeit	ein WE im Juni	Atmosphäre	●●●○

Rosenmesse auf Schloss Königsberg

Malerischer könnte die Kulisse fast nicht sein, um während der alljährlichen Rosenmesse Gartenschätze aus aller Welt zu bewundern. Zu dieser Zeit öffnen auch viele private Gärten ihre Pforten. (www.rosenmesse.de/events/koenigsberg)

Land	Bayern	Atmosphäre	●●●○
Region	Königsberg	Natur	●●●○
Zeit	Mitte Juni	Erholung	●●○○

Schlemmen beim Erdbeerfest in Eltville

Seit 1935 wird das Fest im Juni im Stadtteil Erbach mit Wein, Erdbeeren und Bowle gefeiert. Vom Rheingauer Obstmarkt aus wurden damals die Früchte nach ganz Deutschland verschickt. Heute ist das Erdbeerfest eines der populärsten Feste im Rheingau.

Land	Hessen	Genuss	●●●●
Region	Eltville am Rhein	Kulinarik	●●●○
Zeit	Mitte Juni	Atmosphäre	●●○○

Juni

In historischer Atmosphäre die Opernfestspiele Heidenheim hören

Schon im Mittelalter sollen Minnesänger im Rittersaal von Schloss Hellenstein in Heidenheim gesungen haben. Im Jahr 1964 begann eine Reihe von Serenaden, aus denen 1985 die Opernfestspiele entstanden. In der malerischen Ruine des Bauwerks aus dem 11. Jahrhundert (sowie an Ausweichspielorten in der Stadt) werden jeden Sommer mit internationaler Besetzung Open-Air-Inszenierungen bekannter Opernstücke aufgeführt, darunter Werke von Verdi, Puccini und Tschaikowski.

Land	Baden-Württemberg	Atmosphäre	●●●●
Region	Heidenheim	Kultur	●●●●
Zeit	Mitte Juni	Genuss	●●●○

Fischerstechen und Fischerhochzeit in Tutzing

Das alljährlich an einem Wochenende Mitte bis Ende Juni stattfindende Fischerstechen ist ein alter Brauch, bei dem gegnerische Mannschaften versuchen, sich gegenseitig mit Stangen vom Boot ins Wasser zu stoßen. An die Fischereitradition Tutzings erinnert außerdem die alle fünf Jahre im Hochsommer abgehaltene Fischerhochzeit – ein historisches Festspiel mit Festzug.

Land	Bayern	Fun	••••
Region	Starnberger See	Action	••••
Zeit	Mitte/Ende Juni	Kultur	•••○

Schifffahrt auf dem Mittelrhein unternehmen

Das Rheintal zwischen Bingen und Koblenz ist ein enges Durchbruchstal, in dem der Rhein keine Möglichkeit zum Mäandrieren hatte. Felsen gaben dem Strom ein enges Bett, kaum ein Weg hatte Platz zwischen dem Strom und den steilen Hängen. Schon im Mittelalter erhielten deshalb die exponiertesten Felsen mächtige Schutz- und Trutzburgen. Bei einer Schifffahrt kann man die Bauwerke bestaunen.

Land	Hessen	Action	••••
Region	Rüdesheim	Natur	••••
Zeit	April–November	Fun	••••

18

Juni

Gänsehaut bei den Oberammergauer Passionsspielen

Seit 1634 halten sich die Oberammergauer an ihr Gelübde, das sie nach der überwundenen Pest von 1633 leisteten, und bringen ihr »Spiel vom Leiden, Sterben und Auferstehen unseres Herrn Jesus Christus« zur Aufführung. 1634 fand es zum ersten Mal statt – und zwar auf dem Friedhof neben der Kirche, wo die Opfer des Schwarzen Tods begraben waren. 1680 erfolgte der Übergang zum Zehnjahresrhythmus. Bis 1820 blieb der Spielort erhalten, erst 1830 wechselte man an den heutigen Ort. Das jetzige Passionsspielhaus mit der Freilichtbühne stammt aus dem Jahr 1930 und wurde 1997 bis 1999 grundlegend saniert. Da auch die Bühnentechnik modernisiert worden ist, kann man den Ort nun in den Jahren zwischen den Passionsspielen für andere Veranstaltungen nutzen, etwa für Opernaufführungen. Nicht immer sind sich die Oberammergauer einig, was die Passionsspiele betrifft: Die Frage, ob auch verheiratete oder ältere Frauen mitspielen dürfen, musste gar vom Oberlandesgericht geklärt werden. Ergebnis: Sie dürfen. Die 41. Oberammergauer Passionsspiele fanden von Mai bis Oktober 2010 statt. 2020 war es wieder soweit. Sie wurden erneut von dem gebürtigen Oberammergauer und gelernten Holzbildhauer Christian Stückl geleitet, der zu den erfolgreichsten deutschen Theaterregisseuren gehört.

Sechs Stunden dauert das Spektakel, das im Gegensatz zu historischen Passionsspielen heute Jesus als einen streitbaren Propheten zeigt, der jedem Missbrauch der Religion als Machtmittel, der Instrumentalisierung von Menschen und aller Entfremdung den Kampf ansagt. Die Bühnendekorationen und Kulissen werden jedes Mal aufs Neue produziert und schaffen so eine einmalige Atmosphäre.

Land	Bayern	Atmosphäre	●●●●
Region	Oberammergau	Kultur	●●●●
Zeit	Mai–Okt. alle 10 Jahre	Action	●●●○

Tipp

Kloster Ettal besuchen
Vor alpiner Kulisse überhöht eine große Rundkuppel malerisch die prächtige barocke Klosterkirche von Ettal. Im Inneren zieht das grandiose Kuppelfresko von 1746 den Blick auf sich. Seit dem 15. Jahrhundert ist das Gnadenbild einer italienischen Marienstatue das Ziel von Wallfahrten zur »Ettaler Madonna«. Die wirkliche Blüte des Klosters begann erst mit dem frühen 18. Jahrhundert.

Kultur pur: Internationale Schillertage

Alle zwei Jahre findet in Mannheim das über die Grenzen der Stadt hinaus bekannte Festival zu Ehren des großen deutschen Dichters statt. Jedes Festival deutet die Werke Schillers neu und zeigt, wie aktuell seine Worte noch heute sind. Die Schillertage verbinden Tradition und Gegenwart und versammeln die internationale zeitgenössische Kunstszene in der Metropolregion Rhein-Neckar.

Land	Baden-Württemberg	Kultur	●●●●
Region	Mannheim	Atmosphäre	●●○○
Zeit	alle zwei Jahre im Juni	Genuss	●●●○

Mittsommernacht auf Sylt erleben

Am 20. Juni ist der längste Tag des Jahres – oder die kürzeste Nacht. Hoch im Norden Deutschlands, auf der Insel Sylt, geht die Sonne dann fast gar nicht unter. Die sogenannte Weiße Nacht wird in Kampen und in Wenningstedt gefeiert. Wer Lust hat, kann schon am 19. Juni um Hörnum Odde in den Sommer hineinwandern.

Land	Schleswig-Holstein	Atmosphäre	●●●●
Region	Sylt	Natur	●●●○
Zeit	20. Juni	Erholung	●●●○

Juni

Wohlige Düfte bei den Rosentagen auf Pellworm

Rosen auf einer Nordseeinsel? Ja! Pellworm hat jede Menge der duftend blühenden Schönheiten zu bieten. Im Juni öffnen die Insulaner ihre Gärten und laden Gäste zum Verweilen ein. Außerdem gibt es einen Rosenmarkt, Lesungen und Konzerte rund um das Thema Rosen. Für das leibliche Wohl sorgt das Angebot in den Cafés und Restaurants des Ortes, wo ebenfalls die Rose im Mittelpunkt steht.

Land	Schleswig-Holstein	Natur	●●○○
Region	Pellworm	Erholung	●●●○
Zeit	Ende Juni	Genuss	●●○○

Westturmlauf auf Wangerooge

Für ambitionierte Läufer und Walker, die sich nicht gleich für einen Marathon begeistern, ist der Wangerooger Westturmlauf ideal. Zehn Kilometer sind auch von Hobby-Läufern gut zu schaffen. Mit rund 200 weiteren begeisterten und gut gelaunten Sportlern nimmt man die Strecke vom Ortskern zum Westturm der Insel.

Land	Niedersachsen	Fun	●●●●
Region	Wangerooge	Action	●●●○
Zeit	Ende Juni	Atmosphäre	●●○○

Gärten bestaunen: Offene Pforte Schaumburg

Jedes Jahr öffnen mehr als 60 Gartenbesitzer im Schaumburger Land die Pforten zu ihren ganz persönlichen Gartenparadiesen. Besucher können nicht nur die Gärten durchstreifen, sondern sich auch mit Tipps rund um Pflanzen, Pflege und Gartengestaltung versorgen. Jeder Garten steht unter einem Motto (z. B. Rosengarten, Stauden und Gehölze oder Sinnesgarten).

Land	Niedersachsen	Natur	●●●●
Region	Schaumburger Land	Genuss	●●○○
Zeit	Juni–September	Erholung	●●●○

24

Juni

Sommersonnenwende mit Johannifeuern wahrnehmen

Am 24. Juni, dem Johannistag, wird im christlichen Glauben der Geburt von Johannes dem Täufer gedacht. Am Vorabend der Johannisnacht hat sich in vielen Gegenden der Brauch des Johannisfeuers entwickelt. Meist eng damit verknüpft sind die Feiern der Sommersonnenwende, die zwischen dem 20. und dem 22. Juni abgehalten werden.

Dem Volksglauben nach soll das Johannisfeuer Dämonen vertreiben, die Missernten und Krankheiten hervorrufen. So werden in der Johannisnacht große Feuer entzündet, die als Sonnenfeuer bezeichnet werden und neben einer christlichen Symbolik auch an die heidnische Sonnwend-Tradition erinnern. In und um die Orte des Zugspitzlandes wird gerne die imposante Kulisse der Alpen genutzt, um spektakuläre Sonnwendfeuer auf den Gipfeln zu entzünden. Ein besonders eindrucksvolles Schauspiel bietet das Zugspitzdorf Grainau. Hier steigen die Männer des Dorfes zu den Feuerstellen auf dem Waxensteinkamm auf und entfachen diese zum Einbruch der Dunkelheit, bis eine Lichterkette den gesamten Kamm in romantischem Feuerschein erhellt. Auch die Gipfel rund um Garmisch-Partenkirchen, wo Johannes der Täufer seit vielen Generationen sehr verehrt wird, leuchten in der Nacht zum 24. Juni und sind für Einheimische wie für Besucher ein besonders reizvoller Anblick.

Land	Bayern		Atmosphäre	●●●●
Region	Zugspitzland		Kultur	●●●●
Zeit	24. Juni		Action	●●●○

Sich den besten Aussichtspunkt sichern

Die Johanni- oder Sonnwendfeuer kann man an vielen Orten bequem vom Tal aus beobachten. Manchmal lohnt es sich aber auch, mit der Bergbahn zu einem höher gelegenen Aussichtspunkt zu fahren, so z. B. an der Kampenwand, auf dem Wallberg oder am Brauneck. Außerdem unbedingt vorher das Datum nachschlagen: Manche Feuer finden schon am 22. Juni statt.

Wattwandern an der Nordsee

Im nordfriesischen Heilbad Sankt Peter-Ording erlebt man hautnah die Gezeiten: Meist zweimal am Tag erreicht das Wasser seinen höchsten bzw. niedrigsten Stand. Ein sommerlicher Spaziergang über den Meeresgrund bei Ebbe ist hier ein absolutes Highlight. Bei warmen Temperaturen genießt man das Gefühl des weichen, feuchten Sandes an den Füßen besonders. Aber Achtung: Machen Sie sich nie allein, sondern ausschließlich mit einem geschulten Wattführer der Schutzstation Wattenmeer auf den Weg!

Land	Schleswig-Holstein	Natur	●●●●
Region	Sankt Peter-Ording	Erholung	●●●○
Zeit	Juni–August	Atmosphäre	●●○○

Beim Dresdner Elbhangfest mitfeiern

Die Landschaft des Elbhangs zwischen Loschwitz und Pillnitz ist wie geschaffen für sommerliche Open-Air-Festivitäten. So verwundert es nicht, dass hier das dresdnerischste aller Dresdner Feste aus der Taufe gehoben wurde. Das Elbhangfest nahm 1990/91 seinen Anfang in den zahlreichen Benefizveranstaltungen für den Wiederaufbau der Loschwitzer Kirche und der Pillnitzer Weinbergkirche. Als wahrhaftes Bürgerfest ist es aus dem Dresdner Veranstaltungskalender längst nicht mehr wegzudenken und findet nun jedes Jahr am letzten Juniwochenende unter einem anderen Motto statt.

Land	Sachsen	Kultur	●●●●
Region	Dresden	Fun	●●●○
Zeit	letztes WE im Juni	Atmosphäre	●●●○

Juni

Schoner erleben bei der Kieler Woche

27

»Klar zur Wende!« Jedes Jahr Ende Juni wird die Kieler Förde zur maritimen Arena, wenn von der »Kiellinie« bis zum Olympiahafen Schilksee an der Ostsee mehr als 2000 Boote um die Meisterschaften der nationalen und internationalen Bootsklassen kämpfen. Mit 5000 Seglern und rund 3,5 Millionen Besuchern ist die Kieler Woche das größte Segelsportereignis der Welt – »Starboote«, »Laser«, »Piraten«, »Drachen« und andere Klassen starten auf den Regattabahnen entlang der Förde, während parallel zum Wettkampf auf dem Wasser in der Landeshauptstadt Schleswig-Holsteins ein riesiges »Seglerfest« stattfindet: Über 1500 Veranstaltungen vom Kinderzirkus über Klassik-Konzerte begeistern die Zuschauer. Höhepunkt der Kieler Woche jedoch ist die Windjammerparade am Wochenende, traditionell angeführt vom Segelschulschiff der Bundesmarine, der »Gorch Fock«. Die Tradition der Kieler Woche reicht zurück bis ins Jahr 1882: Damals nahmen 20 Segeljachten, darunter eine dänische, an einer Privat-Regatta vor Düsternbrook teil. Zehn Jahre später waren es bereits 100 Teilnehmer – wegen ihrer unbeständigen Wind- und Wetterverhältnisse gilt die Ostsee vor Kiel noch heute als eines der anspruchsvollsten Segelreviere weltweit.

Land	Schleswig-Holstein	Action	●●●●
Region	Kiel	Fun	●●●●
Zeit	letzte Juniwoche	Atmosphäre	●●●●

Mittelalter erleben beim Neuburger Schlossfest

28

Im Zweijahresrhythmus wird die Renaissance in Neuburg an der Donau lebendig. In der Altstadt findet
dann ein riesengroßes Mittelalter-Spektakel statt.
Überall tragen die Mitwirkenden wunderschöne Kostüme und Musiker sorgen für gute Stimmung. Zu den
Höhepunkten zählen der Steckenreiter-Tanz im
Schlosshof, der Festumzug und das Feuerwerk über
der Donau mit musikalischer Untermalung.

Land	Bayern	Kultur	●●●○
Region	Neuburg a. d. Donau	Fun	●●●●
Zeit	alle 2 Jahre Ende Juni	Action	●●●●

Jazz genießen bei der JazzBaltica

29

Seit 2002 ist das JazzBaltica Teil des Schleswig-Holstein Musik Festivals. Es findet in Niendorf-Timmen-
dorfer Strand auf dem Gelände der Evers-Werft und
im Freien am Strand und Hafen statt. Dabei treten
sowohl renommierte Jazzgrößen wie Nachwuchs-
künstler aus Norddeutschland, Skandinavien, Polen,
Russland und den baltischen Staaten auf. Das Festival, das 1991 von Ministerpräsident Björn Engholm
im Rahmen einer stärkeren Verbindung der baltischen Länder ins Leben gerufen wurde, hat sogar
eine eigene, international zusammengesetzte Band.

Land	Schleswig-Holstein	Kultur	●●●●
Region	Timmendorfer Strand	Fun	●●○○
Zeit	Ende Juni/Anfang Juli	Genuss	●●●●

Juni

30

In historische Zeiten eintauchen beim Frundsbergfest in Mindelheim

Alle drei Jahre wird in Mindelheim zum Andenken an den einstigen Stadtherrn Georg von Frundsberg (1473 bis 1528) zehn Tage lang gefeiert. Mittlerweile zählt das Frundsbergfest zu den größten historischen Festen Süddeutschlands. Ganz Mindelheim verwandelt sich in eine Stadt des Mittelalters und begeistert mit Umzügen, historischen Trachten und zahlreichen Veranstaltungen Besucher aus nah und fern. Beim großen Festzug laufen rund 2500 Menschen, 200 Pferde und 30 Kutschen, Wagen und Geschütze mit.

Land	Bayern	Action	••••
Region	Mindelheim	Fun	••••
Zeit	alle 3 Jahre Ende Juni	Kultur	••••

Juli

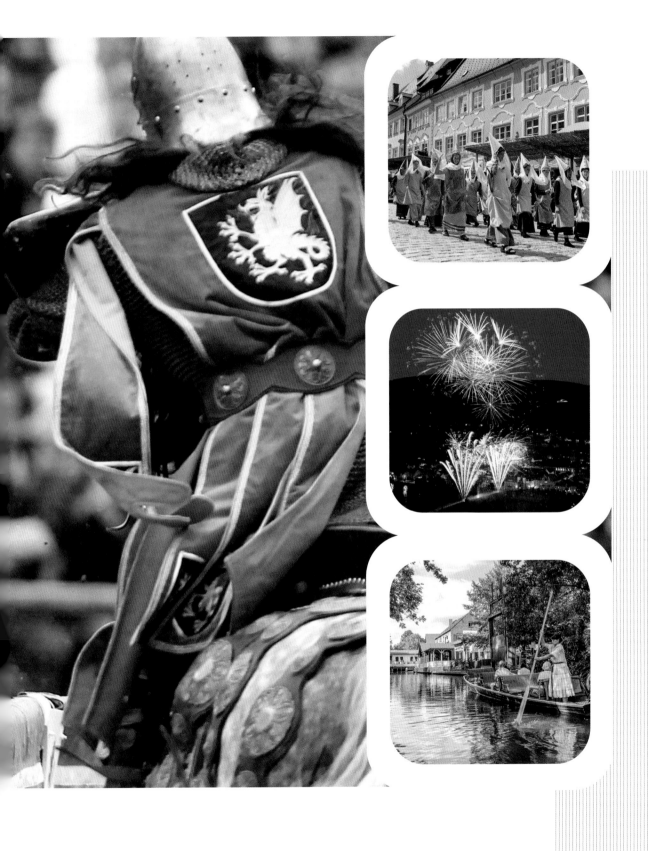

Blasmusik beim Chiemgau Alm Festival

Im Sommer wird auf zahlreichen Almen und Almgasthöfen authentische Chiemgauer Musik gespielt. Neben Volksmusik sind unter anderem auch traditionelle Bläsergruppen, Klassik, Rock und Jazz zu hören. Viele der Konzerte kosten keinen Eintritt. Eine unvergessliche musikalische Reise zu den schönsten Chiemgauer Almen! Infos unter: www.chiemgau-alm-festival.de

Land	Bayern	Kultur	●●●○
Region	Chiemgau	Atmosphäre	●●●○
Zeit	Ende Juni/Anfang Juli	Genuss	●●○○

Chiemsee-Alpenland-Drachenboot-Cup

Was in China uralte Tradition ist, findet auch in Oberbayern als fröhlicher Mix von Sport und Spaß immer mehr Anhänger. Alljährlich im Juli wird vor Bernau der Chiemsee-Alpenland-Drachenboot-Cup ausgefochten. Bunt gewürfelte Gruppen wie Kollegen, Freundescliquen, Stammtischbrüder und -schwestern oder Schulklassen bilden Mannschaften mit maximal 17 Mitgliedern. Gepaddelt wird in den bunten Drachenbooten über eine Distanz von 250 Metern. Es gewinnt nicht nur das schnellste Team, sondern auch das in den verrücktesten Kostümen.

Land	Bayern	Fun	●●●●
Region	Chiemsee	Action	●●●○
Zeit	Anfang Juli	Atmosphäre	●●○○

Juli

»Eine Stadt lebt ihre Geschichte«: das Peter-und-Paul-Fest in Bretten

Das Fest ist seit 2014 immaterielles Kulturerbe der UNESCO und eines der größten Volksfeste Deutschlands. Das Peter-und-Paul-Fest in Bretten findet seit 1504 jedes Jahr Ende Juni, Anfang Juli statt. Gefeiert wird die Befreiung des Ortes von der Belagerung durch den Herzog von Württemberg im Jahr 1504. Die dreitägigen Festivitäten gliedern sich folgendermaßen: »Brettheim rüstet sich« am Freitag, am Samstag heißt es »Brettheim verteidigt sich« und sonntags »huldigt Brettheim dem Kurprinzen und feiert seinen Sieg«.

Land	Baden-Württemberg	Kultur	●●●●
Region	Bretten	Fun	●●●○
Zeit	1. WE im Juli	Atmosphäre	●●○○

Boote in aller Couleur: Warnemünder Woche

Mecklenburgs traditionsreiche Segelregatta wird alljährlich in der ersten vollen Juliwoche ausgetragen. Mit rund 2000 Teilnehmern aus rund 30 Nationen ist sie eines der drei großen Segelsportereignisse in Deutschland. Außer hochkarätigem Sport erwarten die Besucher aber auch viele Spaßevents wie Waschzuberrennen, Drachenbootrennen, Strand-Lacrosse, Kitesurfen, der »Niege Ümgang« durch Warnemünde in historischen Kostümen und natürlich Volksfest und Party rund um den Leuchtturm, am Alten Strom und am Strand.

Land	Mecklenburg-Vorp.	Fun	●●●○
Region	Warnemünde	Action	●●●●○
Zeit	1. Woche im Juli	Kultur	●●○○

Im Badeschiff am Spreeufer plantschen

Im Sommer wartet in der Hauptstadt etwas Besonderes auf alle Wasserratten: Eine schwimmende Badeanstalt auf der Spree – ein vor Anker liegender Schubleichter in Alt-Treptow macht es möglich. Mit Blick auf den Fernsehturm und die Oberbaumbrücke lässt sich im Becken planschen, an einem der Events teilnehmen oder das Open-Air-Kino besuchen.

Land	Berlin	Fun	●●●○
Region	Berlin	Atmosphäre	●●●●
Zeit	Mai–September	Genuss	●●●○

Beim Volksfest in Malchow mitfeiern

Das über 160 Jahre alte Volksfest ist das älteste Heimatfest Mecklenburg-Vorpommerns. Es wurde als weltliches Fest, unabhängig von der Kirche, zur kulturellen Bildung der Bürger veranstaltet. Musik spielt beim Fest eine besondere Rolle. Seit 2014 gehört es zum immateriellen Kulturerbe der UNESCO. Das Highlight ist das große Feuerwerk am letzten Abend.

Land	Mecklenburg-Vorp.	Kultur	●●●○
Region	Malchow	Fun	●●●●
Zeit	Anfang Juli	Atmosphäre	●●●○

7

Internationales Trachtentreffen in Kröv

Am ersten Juliwochenende feiert der Weinort sein größtes Fest. Beim internationalen Trachtentreffen an der Mosel ist eine schwimmende Moselbühne die perfekte Kulisse für viele Hundert Trachten- und Musikgruppen aus dem In- und Ausland, zum Beispiel auch aus Schottland. Unterhaltsam sind auch der große Festumzug und die Krönung der neuen Weinkönigin. Besonders ist das traditionelle Gräwes-Es-sen, das es mittags am letzten Festtag gibt. Folklore und Musik sorgen dabei für gute Unterhaltung.

Land	Rheinland-Pfalz	Kultur	●●●○
Region	Kröv	Fun	●●●○
Zeit	1. WE im Juli	Atmosphäre	●●○○

8

CAFE PFANNKÜCHLE

Juli

Internationales Samba-Festival Coburg

Samba in Franken? Und wie! Das Internationale Samba-Festival in Coburg (»Sambaco«) ist außerhalb Brasiliens das größte seiner Art. Es findet immer am zweiten Wochenende im Juli statt. Dann vibrieren die Straßen vor brasilianischen Trommelrhythmen, schrilles Pfeifen und anregende Musik erschallen aus jeglichen Ecken der Stadt und leicht bekleidete Damen mit schillernden Kostümen und federgeschmückten Kopfbedeckungen schwingen dazu ihre Hüften. Mehr als 200 000 Besucher feiern den Samba in der fränkischen Stadt an der Itz.

Vor über 20 Jahren begann das Festival mit wenigen Tausend Besuchern. Aus dem ursprünglichen Konzept der Veranstalter Rolf Beyersdorf, Michael Häfner und Christof Pilarzyk entstand schnell ein Event der Extraklasse mit mittlerweile über 3000 Sambistas. 2011 gewann das Festival den »Exportpreis Bayern« des Bayerischen Wirtschaftsministeriums, 2014 wurde es mit dem Edison-Carneiro-Preis zum »Besten Samba-Event außerhalb Brasiliens« gekürt und 2018 erhielt es den Heimatpreis des Bayerischen Staatsministeriums für Finanzen, Landesentwicklung und Heimat. Bei so vielen Auszeichnungen verwundert es nicht, dass die Coburger stolz auf ihr Samba-Festival sind und dies jeden Sommer mit Energie und Lebensfreude feiern. Statt Bier wie auf dem Münchner Oktoberfest fließt in Coburg literweise Caipirinha. Doch das Feiern hat auch eine ernste Seite: Sambaco setzt sich für Projekte für Straßenkinder in Brasilien ein.

Land	Bayern	Fun	••••
Region	Coburg	Action	••••
Zeit	2. WE im Juli	Kultur	••••

Plauer Badewannenrallye

Seit 30 Jahren pilgern im Hochsommer alljährlich Tausende von Besuchern nach Plau am See, um bei diesem Spektakel dabei zu sein. Die Bezeichnung »Badewannen« ist dabei mehr als untertrieben, denn die schwimmbaren Untersätze, in denen sich die Teilnehmer wagemutig aufs Wasser begeben, sind echte Kunstwerke. Und zwar handgemacht, so schreibt es das Reglement vor. Alles rund um die Plauer Badewannenrallye unter: www.ilovewanne.de

Land	Mecklenburg–Vorp.	Fun	●●●●
Region	Plau am See	Action	●●●○
Zeit	Anfang/Mitte Juli	Atmosphäre	●●○○

Hafenfest Flensburg Sail

Anziehungspunkt für nah und fern und eine der größten Veranstaltungen der Region ist das Hafenfest in Flensburg, das nur in geraden Jahren stattfindet. Landratten haben die Gelegenheit, über die kleinen und großen Traditionssegler in Aktion zu staunen und sich auf dem Fischerfest mit Musik von vielen Bühnen zu vergnügen. Wer sich rechtzeitig um Karten bemüht, kann auf einem der Segler bei Korsos, Lampion- und Feuerwerksfahrten mitfahren.

Land	Schleswig-Holstein	Action	●●●○
Region	Flensburg	Fun	●●●○
Zeit	Anfang/Mitte Juli	Atmosphäre	●●●○

Tänzelfest in Kaufbeuren

Alljährlich im Juli feiern über 1600 Kinder das älteste historische Kinderfest Bayerns, das Tänzelfest. Dabei zu sein, wenn die Kinder die Geschichte ihrer Stadt nachspielen, ist für die ganze Familie unvergesslich. Im Mittelpunkt steht einer der vielen Besuche Kaiser Maximilians I. (1459–1509) in Kaufbeuren. Man kann miterleben, wie es gewesen sein muss, als er mit seinem prächtigen Gefolge durch die geschmückten Straßen zog. Musik, Genüsse für Leib und Seele sowie das historische Lagerleben mit Fackelschein und Lagerfeuer lassen das Mittelalter wieder aufleben.

Land	Bayern	Kultur	••••
Region	Kaufbeuren	Atmosphäre	••••
Zeit	Anfang–Mitte Juli	Fun	••••

Abfeiern beim DEICHBRAND Festival

Das Musikfestival an der Küste hat sich mittlerweile zum Klassiker gemausert. Mit über 60 000 Festivalgängern und jährlich steigenden Besucherzahlen ist DEICHBRAND eines der größten seiner Art in Deutschland. Nationale und internationale Künstler und DJs stehen jährlich im Juli am Seeflughafen von Cuxhaven auf einer von mehr als fünf Bühnen und heizen ihren Zuhörern ordentlich ein.

Land	Niedersachsen	Fun	••••
Region	Cuxhaven	Action	••••
Zeit	Mitte Juli	Atmosphäre	••••

Feuerwerk genießen bei Donau in Flammen

Jedes Jahr am zweiten Wochenende im Juli wird der Nachthimmel über Vilshofen in bunten Farben erleuchtet, die sich in der Donau widerspiegeln. Musikalische Klänge begleiten das große Höhenfeuerwerk auf und über der Donaubrücke, und auf der Promenade der Stadt herrscht Festivalstimmung. Ein besonders Erlebnis ist es, das Spektakel vom Schiff aus zu bestaunen.

Land	Bayern	Atmosphäre	••••
Region	Vilshofen a. d. Donau	Genuss	•••○
Zeit	2. WE im Juli	Kultur	•••○

14

Juli

Mittelalter live beim Kaltenberger Ritterturnier

Rund zehn Kilometer vom Ammersee entfernt liegt das im Jahr 1292 erbaute Schloss Kaltenberg in der Gemeinde Geltendorf. Die vierflügelige Schlossanlage mit ihrem markanten Bergfried und einem ausgedehnten Gutsbezirk geht größtenteils auf einen Umbau im 19. Jahrhundert zurück. Im Schlossrestaurant und in der Ritterschwemme kann man die köstlichen Biere der schlosseigenen Brauerei genießen.

Bekannt ist das Schloss vor allem für das hier jährlich an drei Juliwochenenden stattfindende Kaltenberger Ritterturnier. Das Spektakel wird begleitet von einem rauschenden Mittelalterfest mit einem Markt, auf dem allerlei Handwerkskunst und Kulinarisches feilgeboten werden, mittelalterlicher Musik und vielem mehr. Die Besucher zieht es zu den von einer professionellen Stunt-Truppe aufgeführten Ritterturnieren in die Arena. Die Ritter mit ihren Stunt-Pferden, die auch für internationale Filmproduktionen gebucht werden, treten mit Lanzen und Schwertern gegeneinander an. Jedes Jahr gibt es eine andere Rahmenhandlung, meist kämpft ein Bösewicht gegen einen Guten. Vor dem Turnier ziehen aber zunächst noch die verschiedenen Künstlergruppen ein, danach eröffnet Luitpold von Bayern traditionell das Turnier. Der Prinz von Bayern hat schließlich im Jahr 1979 die Ritterspiele ins Leben gerufen.

Land	Bayern	Action	••••
Region	Geltendorf	Fun	••••
Zeit	Mitte/Ende Juli	Atmosphäre	••••

Kulinarische Schmankerl
Ein Besuch des Ritterturniers bedeutet nicht nur Spannung und Action in der Arena. So bunt das Programm, so reichlich ist auch die Auswahl an Speisen, die es hier gibt: knusprig und frisch gebackenes Holzofenbrot, Knödel in sämtlichen Variationen, Spanferkel, Kräuterkrustenbraten und Kaiserschmarrn mit Apfelmus – um nur einige wenige kulinarische Schmankerl zu nennen ...

15

Heidelberger Schlossfestspiele

Die Heidelberger Schlossfestspiele sind eine feste Institution im Jahreslauf der Stadt. Die Tradition der Schlossfestspiele wurde im Jahr 1974 wiederbelebt, nachdem sie aufgrund des Zweiten Weltkriegs abgebrochen war. Das sommerliche Festspielprogramm begeistert mit verschiedenen Veranstaltungen für große und kleine Zuschauer. Während der Festspiele findet außerdem im Juni, Juli und September die Hei-delberger Schlossbeleuchtung mit grandiosem Feuerwerk statt.

Land	Baden-Württemberg	Kultur	●●●●
Region	Heidelberg	Atmosphäre	●●●●
Zeit	Juni–August	Genuss	●●●○

»Die Kinderzeche« zu Dinkelsbühl

Die Kinderzeche in der zweiten Julihälfte ist Dinkelsbühls großes Stadtfest. Sie entwickelte sich aus einem von der Allgemeinheit bezahlten Sommerausflug der Lateinschüler, der einen Dank für deren Chordienste darstellte. Im 19. Jahrhundert wurde dieses Fest mit der Sage verbunden, dass Kinder die Stadt im Dreißigjährigen Krieg vor den Schweden gerettet hätten. Dieses Ereignis wird nun alljährlich von über 1000 Kindern nachgespielt. Die historischen Kostüme und eine Ausstellung über die Kinderzeche kann man das ganze Jahr über im alten Kornhaus sehen.

Land	Bayern	Kultur	●●●●
Region	Dinkelsbühl	Fun	●●●○
Zeit	Mitte Juli	Atmosphäre	●●●○

Unteruhldinger Hafenfest

Selbst gebaute Wasserfahrzeuge liefern sich bei einer Schrottregatta einen unterhaltsamen Wettkampf. Außerdem werden ein großes Feuerwerk und ein abwechslungsreiches Festprogramm geboten. Das Uhldinger Hafenfest findet am letzten Wochenende, bevor die Sommerferien beginnen, statt.

Land	Baden-Württemberg	Action	●●○○
Region	Bodensee	Fun	●●●○
Zeit	Ende Juli	Atmosphäre	●●●○

Herrenchiemsee-Festspiele

Obwohl unvollendet, ist Schloss Herrenchiemsee ein prachtvolles Bauwerk und bietet vor allem mit seinem akustisch exquisiten Spiegelsaal erlesenen Konzertgenuss. Das Festival mit Musik und Musiktheater zwischen Barock und Gegenwart leitet derzeit Josef Kröner.

Land	Bayern	Kultur	●●●●
Region	Herrenchiemsee	Atmosphäre	●●●○
Zeit	Mitte/Ende Juli	Genuss	●●●○

Juli

19

Fleetkahnfahrt

Auf halbem Weg zwischen Hamburg und Cuxhaven liegt die mehr als 1000 Jahre alte Stadt Stade, die sich zu beiden Ufern der Schwinge unmittelbar vor deren Mündung in die Elbe erstreckt. Die Innenstadt ist von einem Burggraben umschlossen. Auf dem kann man sich mit einem Fleetkahn entlangschippern lassen. Ganz nebenbei erfahren die Passagiere Spannendes über die Stadtgeschichte, wie etwa über die Schwe-

denzeit. Selbst Stade-Kenner werden die schöne alte Hansestadt aus einer ganz neuen Perspektive kennenlernen.

Land	Niedersachsen	Natur	●●●○
Region	Stade	Kultur	●●○○
Zeit	April–Oktober	Atmosphäre	●●●○

20

Kahnfahrten im Spreewald

Unterhalb von Cottbus wendet sich die Spree nach Westen und ergießt sich in eine europaweit einmalige Niederungs- und Auenlandschaft, den Spreewald, in dem die Spree den Charakter eines Flussdeltas annimmt. Das Gebiet wird von rund 1300 Kilometer Wasserläufen durchzogen. Dieses durch seinen Artenreichtum und sein Erscheinungsbild einmalige Ökosystem wurde zum Biosphärenreservat erklärt. Auf einer Kahnfahrt erschließt sich die Einzigartigkeit des Spreewalds. Der Fährmann vermittelt beim Staken viel Wissenswertes über den Alltag der Bewohner.

Land	Brandenburg	Natur	●●●●
Region	Spreewald	Kultur	●●○○
Zeit	April–Oktober	Atmosphäre	●●○○

21

Uracher Schäferlauf

Die Zunft der Schäfer wurde zwar 1828 aufgelöst, doch ihre Traditionen sind noch immer lebendig. Seit dem 18. Jahrhundert wird alle zwei Jahre – in Jahren mit ungeraden Zahlen – ein Schäferlauf veranstaltet. Dieses alte schwäbische Brauchtum ist Kern für eines der bedeutendsten Volksfeste in der Region. Neben dem Wettlauf junger Schäferinnen und Schäfer gibt es einen historischen Festumzug, Tanzveranstaltun-gen, ein »Hockerte« auf dem Marktplatz und seit 1923 das Festspiel »D'Schäferlies«, das vom Verhältnis zwi-schen Wanderschäfern und Ackerbauern erzählt.

Land	Baden-Württemberg	Kultur	••••
Region	Bad Urach	Fun	••••
Zeit	alle 2 Jahre Ende Juli	Atmosphäre	••••

Christopher Street Day

22

Am 28. Juni 1969 kam es zu einer Razzia der gern von Homosexuellen frequentierten Bar »Stonewall Inn« in der Christopher Street in New York City und zu
Übergriffen von Polizisten auf Drag Queens. Als empörte Reaktion darauf begannen noch am selben Tag die ersten Demonstrationen von Einwohnern von
Greenwich Village für ein liberales Miteinander. Es waren die ersten Proteste von
Schwulen und Lesben in der Geschichte der USA – die leider auf beiden Seiten
nicht unblutig abliefen. In Erinnerung an den »Stonewall-Aufstand« begannen
schon im Jahr darauf die ersten »Gay Pride«-Veranstaltungen. Die Idee der öf-
fentlichen Einforderung der Rechte von Homosexuellen, Bisexuellen und Trans-
gendern schwappte in den 1970er-Jahren nach Europa über, seitdem wird in vielen Städten der »Christopher Street Day« begangen. Neben Köln, in dem der
europaweit größte »CSD« begangen wird, ist Berlin heute der wichtigste Ort für
das Event, das sich mittlerweile überwiegend von einem Demonstrationszug zu
einem ausgelassenen Straßenfest gewandelt hat.

★★★
Highlight
des Monats

Land	Deutschland	Kultur ●●●○
Region	Köln, Berlin und andere	Fun ●●●●
Zeit	Ende Juli	Atmosphäre ●●●●

23

Karl-May-Festspiele in Bad Segeberg

Ein Klassiker, aber immer ein Erlebnis für die ganze Familie, ist der Besuch einer Karl-May-Aufführung im großen Freilichttheater von Bad Segeberg mit seinem Kalkberg. Im Theater finden rund 7500 Zuschauer Platz. Der Wilde Westen wird hier seit 65 Jahren live in Szene gesetzt – mit ordentlich Spannung, atemberaubenden Stunts und viel Feuerzauber. Das macht sichtlich auch den Akteuren Spaß. In jedem Sommer wird ein neues Werk des Meisters inszeniert. Das restliche Jahr über werden auch Konzerte und Shows aufgeführt.

Land	Schleswig-Holstein	Kultur	●●●●
Region	Bad Segeberg	Fun	●●●○
Zeit	Ende Juni–Anf. Sept.	Atmosphäre	●●○○

Schlossseefest Salem

Das traditionelle Schlossfest am letzten Wochenende im Juli ist als »Mega-Gartenfest der Salemer Musikvereine« bekannt. Am Freitagabend ziehen die Musikkapellen zum Fassbieranstich feierlich ins Festzelt ein. Das Schlossseefest wartet mit einer besonderen Atmosphäre auf. Es bietet ein reichhaltiges Bühnenprogramm, einen Vergnügungspark, viel Musik und Kulinarisches und noch dazu ein großes Klangfeuerwerk rund um den schönen Schlosssee.

Land	Baden-Württemberg	Kultur	●●●○
Region	Salem	Genuss	●●●○
Zeit	letztes WE im Juli	Atmosphäre	●●●●

Jakobstag Traben-Trarbach

Tradition seit 1627! – Das romantische Weinbaustädtchen, das sich an die Ufer der Mittelmosel schmiegt, feiert bis heute moselländisches Brauchtum. Das Zunftfest der Stadtschröter mit Krönung der Stadtweinkönigin und großem Festumzug findet immer am letzten Wochenende im Juli statt, und zwar immer um den 25., den Tag des heiligen Jakob. Dieser ist als Schutzpatron der Schröter bekannt.

Land	Rheinland-Pfalz	Kultur	●●●○
Region	Traben-Trarbach	Genuss	●●●○
Zeit	25. Juli	Atmosphäre	●●○○

Gautrachtenfest in Prien

Am 30. Juli 1899 wurde in Prien das erste Gaufest des Gauverbandes gefeiert. Ehrengast war Prinzregent Luitpold von Bayern. Mittlerweile sind es rund 4500 Trachtler, die alljährlich am Festsonntag an diesem Trachtenfest des Chiemgau-Alpenverbandes, am Gottesdienst sowie dem großen Umzug mit Motivwagen und Blaskapellen teilnehmen. Nach dem offiziellen, feierlichen Teil des Festes gibt es nach dem Fassanstich im Festzelt natürlich viel zünftige Musik und Tanz.

Land	Bayern	Kultur	●●●●
Region	Prien (Chiemsee)	Genuss	●●●○
Zeit	Ende Juli	Atmosphäre	●●●●

Festspiele Mecklenburg-Vorpommern

Nach dem Vorbild des Schleswig-Holstein Musik Festivals finden seit 1991 auch in Mecklenburg-Vorpommern den ganzen Sommer über hochkarätige klassische Konzerte an den verschiedensten Orten statt.
Neben zahlreichen Kirchen, Schlössern und Guts-
häusern gehören auch Ruinen, Hafenanlagen, einsti-
ge Synagogen und Bahnhöfe zu den Spielstätten.

Land	Mecklenburg-Vorp.	Kultur	●●●●
Region	mehrere	Genuss	●●●○
Zeit	Mitte Juni–Mitte Sept.	Atmosphäre	●●●●

Raubritterwesen in Stein an der Traun

Um auf den Spuren des sagenumwobenen Raubrit-
ters Heinz von Stein aus dem frühen 13. Jahrhundert
zu wandeln, lohnt sich ein Besuch in der Höhlenburg,
die ihre besondere Bedeutung durch ihren einzigartigen Erhaltungszustand rechtfertigt. Besonders ein-
drücklich sind Nachtführungen bei Kerzen- und
Taschenlampenschein. Weitere Informationen sind
unter www.steiner-burg.de zu finden.

Land	Bayern	Abenteuer	●●●○
Region	Traunreut	Action	●●○○
Zeit	April–Oktober	Atmosphäre	●●●●

Juli

Seehasenfest in Friedrichshafen

Seit 1949 bietet das traditionelle Seehasenfest im Sommer ein vielseitiges Kultur- und Unterhaltungs-programm für Jung und Alt. Ursprünglich riefen die Bewohner von Friedrichshafen das Fest nach dem Zweiten Weltkrieg ins Leben, um den Kindern der Stadt eine Freude zu bereiten. Fünf Tage lang, von Donnerstag bis Montag, können Besucher heute den Festumzug, einen Vergnügungspark, Musik und ein spektakuläres Feuerwerk erleben.

Land	Baden-Württemberg	Kultur	●●●○
Region	Friedrichshafen	Genuss	●●○○
Zeit	Juli	Fun	●●●●

Wallensteintage in Stralsund

Im Jahr 1628 belagerte der kaiserliche Feldherr Wallenstein im Dreißigjährigen Krieg vergeblich die Hansestadt Stralsund. Das feiern die Stralsunder je-des Jahr Ende Juli mit einem Historienspektakel in der schönen Altstadt. Dazu gibt es nicht nur ein histo-risches Markttreiben und ein Bühnenprogramm so-wie einen Festumzug, sondern alle Stralsunder und auch Besucher, die sich rechtzeitig anmelden, sind aufgerufen, in historischen Kostümen Teil des bunten Treibens zu sein.

Land	Mecklenburg-Vorp.	Abenteuer	●●●○
Region	Stralsund	Action	●●●●
Zeit	Ende Juli	Fun	●●●●

Juli

31

Wallenstein-Festspiele in Memmingen

Im Sommer 1630 schlug der böhmische Feldherr Wallenstein sein Quartier in Memmingen auf. Seit 1980 wird diese Episode aus dem Dreißigjährigen Krieg alle vier Jahre zu Europas bedeutendstem Historienfest: Eine ganze Woche lang spielen 4500 Mitwirkende für rund 200 000 Zuschauer. Es werden Reiterspiele veranstaltet, historische Gottesdienste abgehalten und mittelalterliche Umzüge gemacht. Historische Stimmung kommt auch beim Lagerleben auf dem Handwerkermarkt auf.

Land	Bayern	Atmosphäre	●●●●
Region	Memmingen	Action	●●●○
Zeit	alle 4 Jahre	Fun	●●●○

August

Nibelungenfestspiele in Worms

Das »Nibelungenlied«, in dem Worms Sitz der Burgunderkönige und Ort des Geschehens ist, wurde 2009 zum UNESCO-Weltdokumentenerbe erklärt. Der Sagenstoff ist es, auf dem die Nibelungenfestspiele in Worms beruhen. Jedes Jahr im Sommer finden anlässlich der Open-Air-Festspiele vor historischer Kulisse aufsehenerregende Theaterinszenierungen statt. Wer bei den Aufführungen und dem auf-

wendigen Festspielprogramm live dabei sein möchte, sollte sich unbedingt rechtzeitig die begehrten Tickets sichern (www.nibelungenfestspiele.de).

Land	Rheinland-Pfalz		Kultur	●●●●
Region	Worms		Atmospähre	●●●○
Zeit	Juli–August		Unterhaltung	●●●●

Alt-Schlierseer Kirchtag

Alljährlich begehen die Mitglieder der Historischen Trachtengruppe den Alt-Schlierseer Kirchtag mit einem traditionellen Kirchweihfest. Am frühen Morgen rudern sie in blumengeschmückten Plätten von Fischhausen nach Schliersee. Nach dem großen Festzug und dem feierlichen Patroziniumsgottesdienst in der St.-Sixtus-Kirche endet das Kirchweihfest am Bauerntheater, wo zum Abschluss die Musik zum Tanz aufspielt.

Land	Bayern	Kultur	●●●○
Region	Schliersee	Atmosphäre	●●○○
Zeit	Anfang August	Natur	●●●○

Piratenspektakel in Eckernförde

Immer am ersten Freitag im August entern die Piraten Eckernförde und übernehmen bis zum Sonntag die Macht in der Stadt. Für dieses Spektakel gibt es jedes Jahr eine neue Geschichte von Cäpt'n Piet, seiner Crew und den wackeren Bürgern der Stadt, die mit List die Piraten vertreiben. An verschiedensten Stätten wird gespielt. Es gibt ein Piratendorf am Strand und reges Treiben auf dem Markt sowie Musik von diversen Bühnen. Der Abzug der Piraten wird mit einem tollen Feuerwerk gefeiert.

Land	Schleswig-Holstein	Action	●●●○
Region	Eckernförde	Fun	●●●○
Zeit	Anfang August	Abenteuer	●●○○

4

August

Wikingertage in Schleswig

Die Wikinger kommen! In Sichtweite von Haithabu, vor 1000 Jahren eine ihrer wichtigsten Wikingersiedlungen, fallen für ein Wochenende ihre heutigen Nachfahren zu einer mittelalterlichen Zusammenkunft ein. Originalgetreue Schiffe kreuzen auf der Schlei und es wird auch ordentlich gekämpft, wie es sich für Wikinger gehört. Im zünftigen Dorf laden Handwerker und Händler zu einer Zeitreise ein. Für allerlei Kurzweil sorgen Gaukler, Feuerkünstler und ein Irish Folk Festival, während unterdessen die Kleinen in ihrem eigenen Dorf spielerisch lernen, was einen echten Wikinger ausmacht. Infos unter www.wikingertage.de

Das Festival kann natürlich mit einem Besuch im Wikingermuseum Haithabu kombiniert werden. Und wer nicht gerade zur Festivalzeit hier ist, sollte sich das Museum auf keinen Fall entgehen lassen. In unmittelbarer Nähe zum heutigen Standort des Museums begannen im Jahr 1900 die ersten Ausgrabungen. Die Siedlung, die Befestigungsanlagen und die Gräberfelder brachten bedeutende Funde zutage. Heute sind diese in einer Schausammlung ausgestellt. Neben Originalfunden lassen auch rekonstruierte Modelle und moderne Medien in sieben Hallen die Lebensverhältnisse in der historischen Stadt und ihre Siedlungsgeschichte lebendig werden. Eine Dauerausstellung umfasst Themen wie Stadtentwicklung, Wohnen, Verteidigung, Bestattung, Religion, Schrift, Haushalt, Ernährung, Bekleidung, Schmuck, Handwerk und Handel. Das spektakulärste Exponat der Sammlung ist das im Hafen Haithabus gefundene Langschiff, das in der Schiffshalle des Museums wiederaufgebaut wurde.

Land	Schleswig-Holstein	Action	●●●●
Region	Haithabu	Fun	●●●●
Zeit	Anfang/Mitte August	Atmosphäre	●●●○

Traditionelles Tonnenabschlagen in Born

Auf der Ostseehalbinsel Darß wird jedes Jahr das so-genannte Tonnenabschlagen gefeiert. Die jahrhun-dertealte Tradition geht vermutlich auf die Skandina-vier zurück; Quellen belegen, dass der Brauch sich Anfang des 19. Jahrhunderts als Fest nach dem Ab-zug der Schweden aus Pommern etablierte. Bei dem heutigen Abschlagen müssen die Tonnenbundbrüder (und -schwestern) auf dem galoppierenden Pferd mit einem Knüppel ein Fass zerschlagen. Der, der den letzten Holzsplitter abschlägt, ist der König.

Land	Mecklenburg-Vorp.	Kultur	●●●○
Region	Fischland, Darß	Fun	●●●●
Zeit	Anfang August	Atmosphäre	●●○○

Hoch auf dem Gipfel: Fellnerfest

Das traditionelle Fellnerfest mit Bergmesse wird jährlich am 6. August auf dem Gipfel des Hochfelln veranstaltet. Mit ermäßigten Preisen befördert die Hochfelln-Seilbahn Gäste bereits ab 7.30 Uhr zur Kapelle auf dem Berg. Eine musikalische Untermalung findet durch die Ruhpoldinger Blasmusik statt. In den Chiemgauer Alpen finden ebenfalls in den Sommermonaten Bergmessen u. a. auf der Kohleralm, dem Hochgern, der Hemmersuppenalm und der Eggenalm statt.

Land	Bayern	Kultur	●●●○
Region	Chiemgauer Alpen	Atmosphäre	●●○○
Zeit	6. August	Natur	●●●○

Weinfest in Olewig

Trier ist die Weinhauptstadt von Rheinland-Pfalz. Das Weinfest in Olewig bietet neben schmackhaften Weinen auch die Krönung der Weinkönigin und einen spannenden Fassrollwettbewerb. Wer nicht gerade zur Festzeit in Trier ist, der geht auf dem gut eininhalb Kilometer langen Kulturlehrpfad, der beim Amphitheater beginnt und über den Anbau und die verschiedenen Rebsorten von der Lese bis zur Verarbeitung informiert. Der Pfad endet in Olewig mit einer Kellerbesichtigung, bei der die guten Tropfen gekostet werden dürfen.

Land	Rheinland-Pfalz	Kultur	●●●○
Region	Olewig	Atmosphäre	●●○○
Zeit	1. WE im August	Genuss	●●●●

August

Rostocker Hanse Sail

★ ★ ★
Highlight
des Monats

Die Rostocker Hanse Sail, die fünf Tage dauert und stets am 2. Sonntag im August endet, ist eine der größten maritimen Veranstaltungen im Ostseeraum und zugleich Mecklenburg-Vorpommerns größtes Volksfest. Erstmals wurde sie 1991 kurz nach der Wende gefeiert, als das alte Schlagwort von der »Freiheit der Meere« noch eine ganz besondere Bedeutung hatte. Traditionell beginnt sie am Mittwoch um 10 Uhr an der Ostmole von Warnemünde, wo die Schützengesellschaft »Concordia« alle einlaufenden Gastschiffe mit Salut begrüßt. Am Abend findet auf dem ehemaligen Gelände der Neptunwerft das Auftaktkonzert statt, das traditionell die Musiker der »Jungen norddeutschen Philharmonie« zusammen mit einem Preisträger der Festspiele Mecklenburg-Vorpommern als Solisten bestreiten. Am Donnerstag ab 10 Uhr ist dann sowohl in Warnemünde als auch am Rostocker Stadthafen entlang der Kais Festtreiben mit Fahrgeschäften, Schaustellern und einem vielfältigen Angebot an Imbissständen. Eigene Areale haben die Nachbarländer Brandenburg und Polen. Zudem findet am Museumshafen ein mittelalterliches Markttreiben statt, während rund um die Silos am Stadthafen das Leben zur Hansezeit nachempfunden werden kann.

Land	Mecklenburg-Vorp.	Kultur	●●●○
Region	Rostock	Atmosphäre	●●●●
Zeit	Anfang August	Fun	●●●○

Föhr on Fire und Hafenfest

Anfang August wird auf Föhr traditionell das Hafenfest gefeiert. An den zahlreichen Ständen des bunten Marktes am Wyker Binnenhafen können kulinarische Köstlichkeiten erworben und im großen Biergarten verzehrt werden. Straßenkünstler und Liveacts sind ein unterhaltsamer Schmaus für Augen und Ohren. Das Highlight ist allerdings das spektakuläre Höhenfeuerwerk am Ende des zweitägigen Festes, welches von einem Ponton in der Nordsee gezündet wird. Die funkelnden Effekte am Himmel werden musikalisch untermalt.

Land	Schleswig-Holstein	Atmosphäre	●●●●
Region	Föhr	Genuss	●●○○
Zeit	August	Fun	●●●○

Maschsee Fest und Crazy Crossing

Die Teilnehmer des verrückten Fun-Boot-Rennens über den künstlich angelegten, 2,4 Kilometer langen und bis zu 530 Meter breiten Maschsee paddeln auf selbst gemachten Booten gegeneinander. Der Name ist dabei Programm: Die Boote erhalten verrückte Dekorationen und die Ruderer sind in bunten Kostümen gekleidet. Dass währenddessen zudem verschiedene Aufgaben bewältigt werden müssen, um Punkte zu sammeln, macht das Spektakel umso amüsanter für die Zuschauer.

Land	Niedersachsen	Action	●●●○
Region	Maschsee	Fun	●●●●
Zeit	August	Abenteuer	●●○○

August

11

August

Floßfahren auf der Isar

Isara, die »Reißende«, wird ihrem Namen im Tiroler Quellgebiet wohl am ehesten gerecht. Auf ihrem 295 Kilometer langen Weg vom Karwendel bis zur Einmündung in die Donau durchfließt die Isar ein Gebiet von großer landschaftlicher Schönheit und immensem Freizeitwert. Sie durchfließt auch die bayerische Landeshauptstadt München, und zwar von Südwesten nach Nordosten. Zunächst liegt am rechten Ufer der Nobelvorort Grünwald. Dann geht es weiter am Tierpark vorbei, dem bald die Isarauen folgen. Auf einer Insel in der Isar liegt das Deutsche Museum, das bedeutendste Technikmuseum Europas. Auch der Bayerische Landtag, das Maximilianeum, erhebt sich hoch über der Isar. Auf seinem Weg aus der Stadt passiert der Fluss den Tucherpark, ehe er die nördlichen Vororte erreicht.

Ein großer Spaß für Jung und Alt sind Fahrten auf den eigens zusammengebauten Flößen auf der Isar, die in Wolfratshausen starten und bis nach München-Thalkirchen führen. Während der Fahrt auf dem wilden Bergfluss werden Brotzeit und Grillfleisch sowie Bier und alkoholfreie Getränke serviert. Das Ganze wird von bayrischer Musik begleitet, welche von einer eigens für die Fahrt organisierten Band gespielt wird. Floßfahrten bieten unter anderem Isar Floßevent (www.isar-floss-event.de) und Isarfloßteam (www.isarflossteam.de) an.

Land	Bayern	Action	●●○○
Region	München	Fun	●●●●
Zeit	Mai–September	Natur	●●○○

Tipp

Einkehren in einem Münchner Biergarten
Nach einer abenteuerlichen Floßfahrt gönnt man sich gern ein wenig Ruhe und Erholung in einem Biergarten. In den idyllischen Gärten in der Stadt oder direkt an der Isar und im Englischen Garten, durch den der erfrischende Eisbach fließt, kann man die Seele baumeln lassen und die entspannte Atmosphäre genießen.

12

Schleswig-Holstein Musik Festival

Klassische Musik in Scheunen und Ställen, in Schloss-parks, auf Fährschiffen oder in Werftgebäuden: Das ist das Markenzeichen des Schleswig-Holstein Musik Festivals. Das musikalische Großevent, das 1986 u. a. von dem Pianisten Justus Frantz und dem Ex-Minis-terpräsidenten Uwe Barschel ins Leben gerufen wur-de, ist eines der größten klassischen Musikfestivals der Welt. Es findet jedes Jahr im Juli und August in ganz Schleswig-Holstein und zum Teil auch in den Nachbarregionen Dänemark, Hamburg und Nieder-sachsen statt (www.shmf.de).

Land	Schleswig-Holstein	Kultur	●●●○
Region	Schleswig-Holstein	Genuss	●●●●
Zeit	Juli–August	Atmosphäre	●●○○

Unterwegs auf dem Saale-Radweg

Der über 400 Kilometer lange Radwanderweg ist einer der anspruchsvollsten Flussradwege Deutschlands. In seinem Oberlauf ist er durch viele Anstiege gekennzeichnet – vor allem im Bereich der Saaletalsperren, wo ein wassernahes Radeln nicht möglich ist. Ab Saalfeld kann er auch Familien empfohlen werden. Informationen über den Streckenverlauf und mögliche Etappen sind unter www.saaleradweg.de zu finden.

Land	Bay., Thür., S.-Anh.	Action	●●○○
Region	Saale	Fun	●●○○
Zeit	Sommermonate	Natur	●●●○

Seenachtsfest Konstanz

Im August zelebriert die Stadt Konstanz am Bodensee mit Livemusik, DJs, Kleinkunst und allerlei Kulinarischem das Seenachtsfest. Zu Wasser, an Land und in der Luft beherrschen die Feierlichkeiten am zweiten Augustsamstag nicht nur Konstanz, sondern auch das benachbarte Kreuzlingen. Höhepunkt ist das große Seefeuerwerk, welches mit seinem vielfältigen Repertoire für Gänsehaut sorgt.

Land	Bayern, Baden-W.	Atmosphäre	●●●●
Region	Konstanz	Genuss	●●○○
Zeit	2. WE im August	Unterhaltung	●●●○

15

Fischerstechen in Seehausen

Jedes Jahr an Mariä Himmelfahrt – am 15. August – treten mehr als 20 Männer des Ortes Seehausen gegeneinander an und versuchen, sich mit drei Meter langen Lanzen von Bootsplanken zu stoßen. Der Sieger des Spektakels, das Ende des 19. Jahrhunderts ins Leben gerufen wurde, ist derjenige, der sich am längsten auf dem wackeligen Holzbrett halten kann. Gekrönt mit einem grünen, handgeflochtenen Binsenkranz darf sich der Sieger bis zum nächsten Stechen Fischerkönig nennen.

Land	Bayern	Kultur	●●●○
Region	Staffelsee	Action	●●●○
Zeit	15. August	Fun	●●●●

16

Internationaler Tag der Bratwurst

Er gehört ganz sicher zu den kuriosen Feiertagen, doch für alle Bratwurstfans ist der 16. August ein wahres Fest. Zumindest, wenn es nach dem US-kulinarischen Jahreskalender geht. Denn der listet das Datum als »National Bratwurst Day«. Grund genug für das 1. Deutsche Bratwurstmuseum in Amt Wachsenburg, den Tag mit einer Grillparty und jeder Menge Attraktionen zu feiern. Das Museum befindet sich im Ortsteil Holzhausen.

Land	Thüringen	Kulinarik	●●●●
Region	Amt Wachsenburg	Genuss	●●○○
Zeit	16. August	Kultur	●●●○

Gruseln beim Further Drachenstich

Die kleine Stadt Furth im Wald nahe der tschechischen Grenze steht ganz im Zeichen der Drachen: Der Further Drachenstich gilt als das älteste Volksschauspiel Deutschlands, das seit 1590 erst als Teil der Fronleichnamsprozession und heute als eigenständiges Volksfest im August stattfindet. Über 1000 Bürger der Stadt beteiligen sich – in mittelalterliche Kostüme gewandet – an dem Spektakel, bei dem am Ende ein Drache getötet wird. Für die nötigen Effekte sorgt dabei heute ein elf Tonnen schwerer Laufroboter, der den Drachen mimt.

Land	Bayern	Kultur	●●●○
Region	Furth im Wald	Atmosphäre	●●●●
Zeit	Anfang/Mitte August	Fun	●●●○

Rüdesheimer Weinfest feiern

Seit 1932 findet alljährlich am dritten Wochenende im August das Rüdesheimer Weinfest statt, welches unter dem Motto »Summer of Riesling« steht. Mit Live-Acts von Blasmusik bis hin zu Rock, kulinarischen Spezialitäten und dem Besten aus der Traube können die Besucher des Volksfestes die Gemütlichkeit und Gastlichkeit im Rheingau hautnah erleben. Zahlreiche Informationen sind auch unter www.ruedesheimer-weinfest.de zu finden.

Land	Hessen	Kultur	●●●○
Region	Rüdesheim	Atmosphäre	●●●●
Zeit	3. WE im August	Genuss	●●●●

Weinwoche in Wiesbaden

Jeden August findet in der hessischen Hauptstadt die zehntägige Weinwoche statt. Eingebettet in das malerische Ambiente der Wiesbadener Altstadt, säumen sich um die 120 Stände rund um das historische Rathaus, die Marktkirche und das Dern'sche Gelände und bieten täglich mehr als 1000 verschiedene Wein- und Sektsorten zur Verköstigung an. Der Gaumen wird neben dem edlen Traubensaft auch mit gastronomischen Köstlichkeiten aus der Rheingauregion verwöhnt. Zur musikalischen Untermalung tragen um die 50 Musikgruppen bei und machen die Weinwochen zu einem Fest für alle Sinne.

Land	Hessen	Kultur	●●●○
Region	Wiesbaden	Atmosphäre	●●●●
Zeit	Mitte August	Genuss	●●●●

August

Theaterspektakel auf der Freilichtbühne Altusried

Mit ihrer einzigartigen Holzkonstruktion mit geschwungenem Dach ist die Freilichtbühne in Altusried eine der schönsten Open-Air-Bühnen Deutschlands. 2500 Zuschauern bietet die Tribüne Platz. Sie wurde erstmals bei den Freilichtspielen 1999 bespielt und war seitdem Schauplatz vieler außergewöhnlicher Kulturereignisse. Freilichtspiele haben in Altusried eine lange Tradition, die 1879 mit der Aufführung der Geschichte des Wilderers Matthias Klostermaier begründet wurde. In das Repertoire werden immer neue Stücke aufgenommen.

Land	Bayern	Kultur	●●●●
Region	Altusried	Atmosphäre	●●●●
Zeit	Sommermonate	Fun	●●●●

21

Ritterschauspiel Kiefersfelden

Das älteste Dorftheater Deutschlands besteht seit dem Jahr 1618. Zu dieser Zeit fanden die Aufführungen zu vor allem religiösen Themen noch im Freien oder in den Dorfstuben statt. Den Standort des heutigen Theaters gibt es seit 1833. Seither wurden jeden Sommer statt der religiösen Stücke Ritterschauspiele und Dramen aus dem 19. Jahrhundert aufgeführt. Neben dem Theaterstück selbst ist auch die barocke Bühne mit ihrer einzigartigen Drehkulisse sehenswert (www.ritterschauspiele-kiefersfelden.de).

Land	Bayern		Kultur	●●●○
Region	Kiefersfelden		Atmosphäre	●●●○
Zeit	August		Fun	●●●○

Spiekerooger Papierbootregatta

Am Hafen der ostfriesischen Insel findet Ende August alljährlich ein Papierbootrennen statt, an dem Jung und Alt mit eigens entworfenen, circa drei Meter langen Booten teilnehmen können. Zwei Wochen vor der Regatta werden Materialien zum Bootsbau zur Verfügung gestellt. Nicht nur die schnellsten Kapitäne werden mit einem Preis ausgezeichnet, sondern auch die Teilnehmer mit dem schönsten Gefährt und dem spektakulärsten Untergang. Ein riesiger Spaß nicht nur für die Wettkämpfer, sondern auch für die Zuschauer.

Land	Niedersachsen	Action	●●●●
Region	Spiekeroog	Fun	●●●●
Zeit	Ende August	Natur	●●●○

Vineta-Festspiele in Zinnowitz

Um die versunkene Stadt Vineta dreht sich das jährliche Sommerprogramm der Ostseebühne Zinnowitz von Ende Juni bis Ende August. Da man über Vineta aber nicht viel weiß, lassen die Schöpfer ihrer Fantasie freien Lauf. Neben den drei klassischen Theaterformen aus Schauspiel, Musik und Tanz wird das Festspiel mit einem actionreichen Fantasyspektakel aus Lasershow und pyrotechnischen Effekten bereichert.

Land	Mecklenburg-Vorp.	Action	●●○○
Region	Zinnowitz	Fun	●●●○
Zeit	Juni–August	Atmosphäre	●●●○

Rheingau Musik Festival

Es ist eines der führenden Musikfestivals in Europa und wird alljährlich zwischen Ende Juni und Ende August in der Region von Frankfurt über Wiesbaden bis zum Mittelrheintal veranstaltet. Rund 150 Konzerte an über 40 Spielorten wie in den Kulturdenkmälern Kloster Eberbach, Schloss Johannisberg oder Schloss Vollrads stehen auf seinem Programm. Die Genres reichen von Klassik über Jazz bis Kabarett.

Land	Hessen	Kultur	●●●●
Region	mehrere	Genuss	●●●○
Zeit	Juni–August	Atmosphäre	●●●●

August

Musik pur beim Baltic Open Air

Wer auf krachenden Hard Rock, Punk und Metal steht und sich nicht von den Bedingungen eines Open-Air-Festivals abschrecken lässt, ist am Königshügel in Haddeby richtig. Unter dem Motto »Rocken wie die Wikinger« treten in Schleswig an einem Spätsommer-Wochenende auf zwei Bühnen ca. 20 angesagte Bands auf. Das Gelände der »Freiheit« liegt direkt am Schleiufer, und nahebei stehen 1500 Plätze zum Campen zur Verfügung.

Land	Schleswig-Holstein	Atmosphäre	●●●○
Region	Haddeby	Fun	●●●●
Zeit	Ende August	Abenteuer	●●○○

Lange Nacht der Museen in Berlin

Sie ist inzwischen ein absoluter Publikumsmagnet in der Stadt. An einem Abend bis nach Mitternacht, einmal im Januar und einmal im August, öffnen rund 75 Museen in Berlin ihre Türen und laden zur Besichtigung und zu unterschiedlichen Darbietungen und Mitmach-Aktionen ein. Shuttle-Busse bringen die Besucher von Tür zu Tür. In vielen Museen ist es jedoch so voll, dass kaum einer sieht, was das Haus eigentlich zeigt. Mancher nimmt sich den Besuch als Anregung und kommt ein anderes Mal ohne zahllose Mitgucker wieder – und das ist wohl auch die Absicht.

Land	Berlin	Kultur	●●●●
Region	Berlin	Fun	●●●○
Zeit	Ende August	Atmosphäre	●●●●

August

Auf zur größten Stadtkirmes Deutschlands!

Mühlhausen in Thüringen feiert beginnend am letzten Augustwochenende jährlich eine Woche lang die größte Stadtkirmes in Deutschland. Ihre Entstehung ist auf die Vielzahl an Kirchweihfesten (Kirmes) in der mittelalterlichen Reichsstadt zurückzuführen. 28 Kirmesgemeinden gestalten seit 1877 das Fest mit einem bunten Programm. Die Musikschau der Spielmannszüge, der historische Handwerkermarkt, Tanz und Shows sowie Rummel auf dem Blobach sind nur einige Punkte des vielseitigen Angebotes. Der Umzug am Kirmessonntag ist der Höhepunkt.

Land	Thüringen	Atmosphäre	●●●○
Region	Mühlhausen	Fun	●●●○
Zeit	Ende Aug.–Anf. Sept.	Action	●●○○

28

Hoch hinaus bei der Montgolfiade am Aasee

Auf den Wiesen am Aaseeufer stehen Ende August zahllose bunte Heißluftballons zum Aufstieg bereit. Schon 1969 fand hier die erste deutsche Heißluftballon-Veranstaltung statt. Der Name setzt sich zusammen aus »Montgolfière«, dem Namen des ersten Ballons der Welt, und »Olympiade«. Wenn es dunkel wird, entflammen alle Ballone ihre Propanbrenner und erheben sich leuchtend in den Himmel über Münster. Das »Ballonglühen« zählt zu den Highlights des dreitägigen Festes.

Land	Nordrhein-Westfalen	Abenteuer	●●●●
Region	Münster	Fun	●●●○
Zeit	Ende Augst	Atmosphäre	●●●○

Raritäten der Klaviermusik erleben

Seit mehr als einem Vierteljahrhundert findet das Musikfestival statt. Jedes Jahr im August kommen Pianisten aus aller Welt für eine Woche im Schloss Husum zusammen, um unbekannte, selten gespielte, aber qualitativ hochwertige Klavierstücke zum Besten zu geben. Eine Ausstellung im Schloss informiert zudem über diese Werke. Damit die besonderen Klänge nicht wieder in Vergessenheit geraten, kann nach dem Event eine CD mit Live-Aufnahmen erworben werden.

Land	Schleswig-Holstein	Kultur	●●●●
Region	Husum	Atmosphäre	●●●○
Zeit	August	Genuss	●●●○

Duckstein-Festival in Binz

Die Urlaubsinsel Rügen präsentiert mit dem Duckstein-Festival, das seit Jahren auch in Hamburg, Kiel und Lübeck mit 150 000 Besuchern erfolgreich gefeiert wird, das Kulturhighlight des Sommers in Binz. Kurplatz, Strandpromenade und Hauptstraße verwandeln sich für zehn Tage im August unter dem Motto »Kunst, Kultur & Kulinarisches« in eine einzige Festivalfläche. Infos unter: www.duckstein.de

Land	Mecklenburg-Vorp.	Atmosphäre	●●●○
Region	Binz (Rügen)	Fun	●●●○
Zeit	Ende August	Kultur	●●○○

31

August

Entspannen an der Außenalster

Keine Frage, Hamburg liegt an der Elbe. Doch für Freizeitkapitäne liegt Hamburg an der Alster, jenem Flüsschen, das recht unscheinbar im Henstedter Moor entspringt und sich teils windend und naturbelassen, teils kanalisiert und gestaut, seinen 56 Kilometer langen Weg durch das Alstertal bis zur Norderelbe bahnt.

Die Außenalster ist ein beliebtes, wegen der zuweilen starken Böen jedoch nicht ganz anspruchsloses Revier für Jollensegler und Surfer. Die Alster und ihre Seitenkanäle sind dagegen ein Dorado für Kanus, Tret- und Ruderboote. Auf den verschwiegenen Wasserwegen, einst die wirtschaftliche Lebensader der Hafenstadt, lässt sich Hamburg aus ungewohnter Perspektive erleben. Mit eigener Muskelkraft gleitet man unter Brücken hindurch, vorbei an vornehmen Villengrundstücken und gründerzeitlichen Industriedenkmälern, Hinterhöfen, lauschigen Plätzen und dicht bewachsenen Uferpartien. Motorboote sind verboten – mit Ausnahme der Schiffe der Alsterflotte, die auf ihrer Kanalrundfahrt unterwegs sind. Auf dem idyllischen Oberlauf der Alster mit seinen zahlreichen Schleusen bleiben die geübten Paddler jedoch unter sich. Sollte die Kondition nachlassen, bieten zahlreiche Cafés und Restaurants mit Bootsanleger Gelegenheit zum Verschnaufen.

Land	Hamburg	Natur	●●●●
Region	Hamburg	Erholung	●●●○
Zeit	Juli–August	Abenteuer	●●●○

Citytrip Hamburg

Wer an Hamburg denkt, dem kommen der Hafen, die Elbe und die Alster in den Sinn. Vielleicht denkt man auch an den »Michel«, die spektakuläre Elbphilharmonie, den berühmten Fischmarkt, die noble Elbchaussee oder die Reeperbahn. Doch die Stadt der vielen Brücken ist auch eine pulsierende Wirtschaftsmetropole, ein internationaler Handelsplatz und eine facettenreiche Kultur- und Medienstadt.

September

Blütenfest in Wiesmoor

Das erste Fest dieser Art fand bereits im Jahr 1952 statt. Schon damals erstrahlte Wiesmoor dank über einer Million Dahlienblüten. Heute sind es nicht weniger bunte Blüten, die die Umzugswagen und den ganzen Ort schmücken. Eröffnet wird das Blütenfest mit einem Kinderkorso; schon am ersten Abend können die Besucher dann rund 60 Blumenmosaiken bewundern. Am Sonntag folgen dann der große Festumzug mit den üppig geschmückten Wagen und die Wahl der Blütenkönigin.

Land	Niedersachsen	Kultur	●●○○
Region	Wiesmoor	Natur	●●●○
Zeit	Anfang September	Genuss	●●●○

Markt im Wikingerdorf »Flake«

Im September findet im Wikingerdorf »Flake«, der ehemaligen Filmkulisse von »Wicki und die starken Männer« (2008), ein Wikingermarkt statt, bei dem Gruppen das Leben im Mittelalter veranschaulichen. Ansonsten ist das an der Badewiese des Walchensees gelegene Gelände von April bis November täglich kostenlos zu besichtigen. Infos bei der Touristeninformation Walchensee unter https://tourismus.kochel.de/wikinger

Land	Bayern	Action	●●○○
Region	Walchensee	Atmosphäre	●●●○
Zeit	Anfang September	Fun	●●●○

Heideblüte in der Lüneburger Heide erleben

Durchsetzt von den typischen Wacholderbüschen, bietet das rosarote Blütenmeer der Heideblüte besonders im August und September einen farbenprächtigen Anblick. An vielen Orten finden Heideblütenfeste statt. Besonders bekannt ist das in Schneverdingen Ende August. Denn hier wird alljährlich die Heidekönigin als Repräsentantin der Lüneburger Heide gekrönt – ein Spektakel, zu dem zahlreiche Gäste von weit her anreisen.

Land	Niedersachsen	Natur	●●●●
Region	Lüneburger Heide	Erholung	●●●○
Zeit	Ende Aug.–Anf. Sept.	Genuss	●●○○

4

September

Reichsstadttage mit Schäfertanz im Taubertal

Von nah und fern kommen die Menschen am ersten Wochenende im September in die mittelalterliche Stadt im Taubertal. Statt kitschiger Folklore präsentiert sich hier gelebte Tradition mit Tanz, Musik und Trachten. Das Mittelalterspektakel der Reichsstadttage lockt jeden Herbst auch Liebhaber von Kunsthandwerk und gemütlichem Marktflair an.

An den Reichsstadt-Festtagen kommen mehrere historische Gruppen aus verschiedenen Epochen der Geschichte des Ortes zusammen. Unter anderem gibt es ein Zeltlager mit Rittern. Bauern und Bürger in mittelalterlichen Kostümen sind überall in der Altstadt anzutreffen. Eines der Highlights des Festes ist der Historische Schäfertanz, der vor der schönen Kulisse der Altstadt aufgeführt wird. Am Freitagabend ziehen die Teilnehmer mit Fackeln von der Doppelbrücke durch die Stadt, wo als krönender Abschluss ein Fassadenfeuerwerk am Rathaus gezündet wird. Samstags findet noch ein Feuerwerk statt; die beste Sicht auf das Lichterspektakel hat man vom Taubertal aus.

Land	Bayern	Kultur	••••
Region	Rothenburg o. d. T.	Atmosphäre	••••
Zeit	1. WE im September	Fun	••••

Tipp

Den Rothenburger Turmweg entlanggehen

Der Röderturm ist der Ausgangspunkt des sehr interessanten Turmwegs, der die alte Stadtmauer entlang einmal rund um die Altstadt führt und dabei auch das Burgtor passiert. An den Stadttoren allenthalben zu sehen ist neben dem Stadtwappen auch der Reichsadler. In der Zeit von 1274 bis 1802 war Rothenburg »unter den Flügeln des Adlers«. Letzterer symbolisiert: Unser alleiniger Stadtherr ist der Kaiser.

5

Lichterfest am Nord-Ostsee-Kanal

Fackeln, Lampions und Lichtkegel – von Kiel bis Brunsbüttel treffen sich die Menschen an einem Samstagabend Anfang September zum Lichterfest, um ihren Kanal in romantisches Licht zu tauchen. Bauwerke wie die Rendsburger Hochbrücke werden farbig in Szene gesetzt. In den anliegenden Städten und Gemeinden wird gefeiert – mit viel Programm. Ein besonderes Erlebnis zum Sommerausklang!

Land	Schleswig-Holstein	Atmosphäre	●●●●
Region	Brunsbüttel–Kiel	Genuss	●●●○
Zeit	Anfang September	Fun	●●○○

6

Störtebeker-Festspiele auf Rügen

Mit warmen Sommertemperaturen lockt Rügen nicht nur zum Baden, sondern auch zu einer Reise ins Mittelalter: Bei den Störtebeker-Festspielen stehen rund 150 Darsteller und 30 Pferde inmitten einer fantastischen Kulisse auf der großen Freilichtbühne in Ralswiek. Beim Festspiel-Event rund um den Hamburger Piraten Klaus Störtebeker blitzt, knallt und raucht es und halsbrecherische Stunts lassen das Publikum den Atem anhalten. Schiffe kreuzen auf der Ostsee und gehen dank Spezialeffekten in Flammen auf. Die sommerlichen Festspielabende krönt ein riesiges Feuerwerk über dem Großen Jasmunder Bodden.

Land	Mecklenburg-Vorp.	Atmosphäre	●●●●
Region	Rügen	Fun	●●●●
Zeit	Juni–September	Kultur	●●●○

September

Weinfeste an der Deutschen Weinstraße

7

Eine Landschaft mit grandiosen Farben und Düften, mit lebendiger Natur und Geschichte. Die Deutsche Weinstraße spielt zu jeder Jahreszeit ihre Reize voll aus, doch im Herbst, wenn die Weinernte ansteht und das Weinlaub in den schönsten Farben glüht, zeigt sie sich von ihrer prächtigsten Seite. Kulinarischen Genüssen wird hier viel Zeit gewidmet: Auf den Weinfesten, in den Straußwirtschaften oder Winzerhofcafés lässt es sich bei einem Glas jungen Wein und regionalen Spezialitäten herrlich vom Alltag entspannen.

Der Spätsommer und der Herbst laden zu zahlreichen Weinfesten ein. Im September findet etwa in Edenkoben das Weinfest der Südlichen Weinstraße statt. Auch in Gleiszellen-Gleishorbach wird Anfang September ein Weinfest gefeiert, Mitte Oktober wird dann dem Federweißen gehuldigt. Den Höhepunkt der Weinsaison in der Pfalz bildet das Deutsche Weinlesefest in Neustadt.

★★★
Highlight
des Monats

Land	Rheinland-Pfalz	Genuss	●●●●
Region	Deutsche Weinstraße	Atmosphäre	●●●●○
Zeit	September–Oktober	Kulinarik	●●●●

8

Musik genießen beim Hamburger Orgelsommer

Organisten aus Hamburg und aus der ganzen Welt lassen während des Festivals die große Beckerath-Orgel in der Petrikirche, die Arp-Schnitger-Orgel von 1693 in der Jacobikirche und die Steinmeyer-Orgel in der Michaeliskirche mit ihren 6665 Pfeifen ertönen. Nahezu jeden Tag kann man ein Orgelkonzert besuchen. Wegen des Andrangs werden einige der mehr als 50 Konzerte teilweise auch auf Großbildleinwand übertragen.

Land	Hamburg	Kultur	●●●●
Region	Hamburg	Atmosphäre	●●●●
Zeit	Juni–September	Genuss	●●●○

9

Geschichte erleben beim Sehusa-Fest

Beim größten Historienfest Norddeutschlands spielen rund 1000 Einwohner von Seesen rund um die Burg Sehusa jedes Jahr am ersten Septemberwochenende die Geschichte ihrer Stadt vom Mittelalter bis zum Rokoko in stilechten Gewändern nach. Höhepunkt ist die spektakuläre Freilichtaufführung der Sage vom Silberhohl. Sie erzählt, wie eine Raubritterburg mit all ihren Schätzen in einer Gewitternacht im Erdboden versunken sein soll. Außerdem sind geboten: Historienmarkt, Tanz, Musik, Feuerwerk, Puppentheater, Ringstechen, Adlerschießen, Reiterquadrille, Ritterturnier und Festumzug.

Land	Niedersachsen	Kultur	●●●○
Region	Seesen	Atmosphäre	●●●●
Zeit	1. WE im September	Fun	●●●●

September

10

Hooger Trachtensommer

Alle zwei Jahre treffen sich Trachtengruppen der umliegenden Inseln und Halligen, vom Festland und zum Teil sogar aus dem Ausland auf der Hallig Hooge. Draußen vor dem Gemeindehaus wird dann getanzt, dabei sind die verschiedenen bunten Trachten zu bewundern. Und diese sind in der Tat bewundernswert: Sie werden von Generation zu Generation weitervererbt und haben teilweise einen Wert von mehreren Tausend Euro! Typisch sind Trägerrock, Kopftuch, Schultertuch und silberner Brustschmuck. 2020 findet die zwölfte Ausgabe des Trachtensommers statt.

Land	Schleswig-Holstein	Kultur	●●●●
Region	Hallig-Hooge	Fun	●●●○
Zeit	1. So. im September	Atmosphäre	●●●○

11

Freyburger Winzerfest

Eines der größten Weinfeste Mitteldeutschlands findet immer an einem Wochenende in der zweiten Septemberhälfte in Freyburg statt. Besucher können sich durch das Angebot an edlen Tropfen des Weinanbaugebiets probieren. Zu den Festlichkeiten gehören selbstverständlich auch ein Festumzug und die Wahl der Weinkönigin. Zusätzlich zu dem umfassenden Unterhaltungsprogramm können Gäste auch das Weinmuseum auf Schloss Neuenburg besuchen oder an einer Führung durch den Weinkeller der Winzervereinigung teilnehmen.

Land	Sachsen-Anhalt	Genuss	●●●●
Region	Freyburg (Unstrut)	Atmosphäre	●●●○
Zeit	2. WE im September	Kultur	●●○○

12

Rasen auf dem »Allgäu Coaster«

Im Sommer wie im Winter ist die 850 Meter lange Rodelbahn in Betrieb. Durch viele Kurven geht es mit maximal 40 Stundenkilometern ins Ziel und von dort bequem per Lift wieder auf den Berg. Das Tempo bestimmt jeder Fahrer selbst. In den Zwei-Sitzern können Kinder ab drei Jahren in Begleitung eines Erwachsenen fahren. Bei schlechtem Wetter sind die Fahrer durch eine Schutzhülle aus Plexiglas geschützt. Ein besonderes Erlebnis ist die Fahrt mit einer VR-Brille, die an der Kasse ausgeliehen werden kann.

Land	Bayern	Fun	●●●●
Region	Oberstdorf	Action	●●●●
Zeit	ganzjährig	Atmosphäre	●●○○

September

13

Tradition und Wein: Dürkheimer Wurstmarkt

Die Ursprünge des heutigen Wurstmarkts liegen in den mittelalterlichen Wallfahrten zum St. Michaelsberg. Damals kamen auch Bauern und Winzer in immer größerer Anzahl, die dort ihre Waren anboten. Gaukler und Musikanten fanden sich ein und es entstand ein reges Markttreiben, das sich im Laufe der Zeit zum Volksfest entwickelte. Als »Wurstmarkt« wurde er 1832 erstmals erwähnt. Heute ist der Dürk-heimer Wurstmarkt das größte Weinfest der Welt. Jedes Jahr feiern mehr als 600 000 Besucher gemeinsam und huldigen dem köstlichen Rebensaft.

Land	Rheinland-Pfalz	Genuss	●●●●
Region	Bad Dürkheim	Atmosphäre	●●●○
Zeit	2./3. WE im Sept.	Kultur	●●●○

Musik und Feuerwerke: Rhein in Flammen

Ein besonderes Spektakel ist das alljährlich fünfmal stattfindende Großereignis zwischen Rüdesheim und Bonn, wenn der Rhein von Schiffen und den Hängen aus illuminiert wird. »Rhein in Flammen« findet ebenso an vielen Orten entlang der schönsten Rheinabschnitte jährlich von Mai bis September statt. Den Abschluss bilden St. Goar und St. Goarshausen. Um alle Feuerwerke und bengalisch beleuchteten Burgen aus nächster Nähe sehen zu können, ist eine Fahrt mit einem der Ausflugsschiffe empfehlenswert. Gute Ausblicke hat man aber auch vom Ufer aus.

Land	Rheinland-Pfalz	Kultur	●●●●
Region	entlang des Rheins	Genuss	●●●●
Zeit	Mai–September	Atmosphäre	●●○○

Picknick im Alten Land

Ein Bollerwagen mit frischem Brot, leckerer Marmelade, deftiger Wurst und Käse und allem, was noch zu einem üppigen Frühstück gehört, dazu ein traumhaftes Plätzchen zwischen Obstbäumen. Ein Picknick auf Hof im Alten Land ist ein tolles Erlebnis, das nicht nur im Sommer, sondern auch im Herbst guttut. Zu den Anbietern gehört Obstparadies Schuback in Jork (www.obstparadies-jork.de/picknickparadies.html).

Land	Niedersachsen	Genuss	●●●○
Region	Altes Land	Natur	●●●○
Zeit	Mai–September	Erholung	●●○○

Ab auf die Mecklenburgische Seenplatte!

Für Ausflüge auf dem Wasser muss natürlich das Wetter stimmen, denn bei einstelligen Temperaturen setzen sich nur Hartgesottene ins Kajak oder Kanu. Baden, Segeln und Surfen sind Schlagworte, die den Spätsommer und Herbst an, in und auf der Mecklenburgischen Seenplatte perfekt machen. Und wer das Land dem Wasser bevorzugt, für den bieten sich schöne Wanderwege.

Land	Mecklenburg-Vorp.	Natur	●●●●
Region	Seenplatte	Erholung	●●●○
Zeit	April–Oktober	Fun	●●●○

September

17

Internationales Filmfest Oldenburg

Seit 1994 pilgern Kinoliebhaber im September nach Oldenburg. Das dortige Internationale Filmfest hat sich zu einer wichtigen Veranstaltung für unabhängiges Kino entwickelt. Namhafte Gäste wie Jürgen Vogel, David Kross oder Andrea Sawatzki sind hier schon über den roten Teppich flaniert. Einzigartig ist auch, dass ein Teil des Filmprogramms auch auf den Leinwänden eines Hochsicherheitsgefängnisses ausgestrahlt wird; die Insassen sehen die Filme zeitgleich mit dem regulären Filmfest-Publikum.

Land	Niedersachsen	Fun	●●●○
Region	Oldenburg	Action	●●○○
Zeit	Mitte September	Genuss	●●●○

18

Bier kosten in der Klosterbrauerei Neuzelle

In der alten Brauerei aus dem 16. Jahrhundert wird heute nicht nur der traditionsreiche »Schwarze Abt« gebraut, sondern man legt ganz bewusst Wert auf originelle Neuschöpfungen wie Spargel- oder Kartoffel-Bier, Wellness- oder Anti-Aging-Bier. Besichtigungen ohne Voranmeldung und Verkostung werden täglich um 13 Uhr angeboten; wer den Gerstensaft auch probieren möchte, der bucht im Vorfeld eine geführte Tour.

Land	Brandenburg	Kultur	●●●○
Region	Neuzelle	Genuss	●●○○
Zeit	Mai–Oktober	Kulinarik	●●●○

September

Nachtmichel – Abendblick über Hamburg genießen

Der Turm der Hauptkirche St. Michaelis überragt mit seinen 132 Metern Höhe stolz die Silhouette von Hamburg. Der Michel, wie die evangelische Barockkirche von Einheimischen und Besuchern kurz genannt wird, zählt zu den Publikumsmagneten der Hansestadt. Ein besonderes Erlebnis ist die Turmbesteigung nach Einbruch der Dunkelheit. Mit dem Aufzug geht es bis auf 109 Meter Höhe zur höchsten festen 360-Grad-Plattform der Stadt. Von hier aus genießt man einen grandiosen nächtlichen Rundumblick über die Hansestadt.

Land	Hamburg	Kultur	●●●○
Region	Hamburg	Atmosphäre	●●●●
Zeit	ganzjährig	Fun	●●○○

Schustermarkt in Montabaur

Weil die Montabaurer Bürger in früheren Zeiten in überdurchschnittlich hoher Anzahl dem Schusterhandwerk nachgingen, wurden sie einfach Schuster genannt. Aus dieser handwerklichen Dominanz hat sich 1986 der Schustermarkt entwickelt, der alljährlich am dritten Wochenende im September stattfindet. Bei dem Markttreiben stellen gut 100 (Kunst-)Handwerker ihre Produkte vor. Dem angeschlossen ist ein Bauernmarkt, bei dem man Erzeugnisse aus der Region erwerben kann.

Land	Rheinland-Pfalz	Genuss	••••
Region	Montabaur	Kulinarik	•••○
Zeit	3. WE im September	Atmosphäre	••○○

Raderlebnis Teufelsmoor

Vier Etappen führen mitten hindurch durch die rund 600 Quadratkilometer des Teufelsmoors. Der Rundweg beginnt beispielsweise in Bremen und führt über Grasberg, Gnarrenburg und Worpswede wieder nach Bremen zurück. Wer Lust und Zeit für weitere Ausflüge per Drahtesel hat, kann etwa auf Entdeckungsfahrt nach Bremervörde gehen oder 21 Kilometer auf den Spuren von Torf und Glas radeln. Infos findet man unter: www.raderlebnis-teufelsmoor.de

Land	Niedersachsen	Natur	••••
Region	Teufelsmoor	Erholung	•••○
Zeit	April–Oktober	Fun	•••○

September

Warendorfer Hengstparade

Dass das Münsterland als Pferderegion einen legendären Ruf genießt, zeigt sich nicht zuletzt an der großen Anzahl an Reiterhöfen, Pferdemuseen und den
Veranstaltungen rund ums Pferd. Da ist es nicht ver-
wunderlich, dass sich eines der herausragenden und
überregional bekannten Ereignisse im Münsterland
um die edlen Vierbeiner dreht: die traditionelle Wa-
rendorfer Hengstparade. Im Herbst finden sich viele

begeisterte Besucher zu der mehr als dreistündigen
Vorführung ein. Mehr als 100 Hengste präsentieren in
20 Schaubildern die ganze Vielfalt des Pferdesports.

Land	Nordrhein-Westfalen	Kultur	● ● ● ○
Region	Warendorf	Atmosphäre	● ● ○ ○
Zeit	Ende Sept./Anf. Okt.	Action	● ● ○ ○

23

Puppen und Marionetten entdecken im Husumer Pole Poppenspäler Museum

Ein besonderes Erlebnis für Familien mit Kindern ist der Besuch dieses Museums in Husum. Hier gibt es Puppen, Requisiten und Bühnenbilder zu bestaunen. Gezeigt werden nicht nur Kasper und Seppl, sondern auch Figuren des chinesischen Schattentheaters, aus Indonesien, der Türkei, Tschechien, Sizilien und vielen anderen Winkeln der Welt. Das Museum versteht sich auch als Erlebnisraum: Handpuppen, Marionetten- und Papiertheater stehen zum Selbstspielen bereit und laden zum Puppenspiel im kleinen Theater ein.

Land	Schleswig-Holstein	Kultur	●●●○
Region	Husum	Fun	●●●○
Zeit	ganzjährig	Action	●●○○

Dithmarscher Kohltage

Weißkohl, Rotkohl, Wirsing – Dithmarschen wird liebevoll auch die Kohlkammer Deutschlands genannt. Kein Wunder, rund 80 Millionen der knackigen Köpfe werden hier jährlich geerntet. Und das muss natürlich ausgiebig gefeiert werden mit Bauernmarkt, Musik und Verkostungen. Informationen zum Fest gibt es unter: www.dithmarscher-kohltage.de

Land	Schleswig-Holstein	Genuss	●●●○
Region	Dithmarschen	Kulinarik	●●●●
Zeit	Ende September	Kultur	●●○○

Bodensee-Apfelwochen

Zahlreiche Gemeinden am See – Ailingen, Bermatingen, Deggenhausertal, Eriskirch, Frickingen, Immenstaad, Kressbronn, Lindau, Langenargen, Markdorf, Nonnenhorn, Oberteuringen, Salem, Tettnang und Wasserburg – sowie die Insel Mainau bieten ab Mitte September bis in den Oktober hinein ein vielfältiges Programm mit Veranstaltungen und kulinarischen Spezialitäten rund um den Apfel an (www.echt-bodensee.de/themen/apfelwochen-bodensee).

Land	Baden-Württemberg	Genuss	●●●○
Region	Bodensee	Kultur	●●○○
Zeit	Ende Sept./Anf. Okt.	Kulinarik	●●●●

September

Preetzer Papiertheatertreffen

Ein ganz besonderes Festival widmet sich den kleinsten Theatern der Welt. Bühne, Bühnenbild und Figuren: Alles ist winzig und aus Papier. Entstanden in der Biedermeierzeit, gewinnt die Tradition heute wieder neue Freunde. Genres und Spielweisen sind die gleichen wie auf großen Bühnen. Das Programm ist bunt und international, es gibt Drama, Märchen und sogar Oper zu sehen. Einziger Nachteil der faszinierenden Zimmervorstellungen: Um Karten muss man sich weit im Voraus bemühen (www.preetzer-papiertheatertreffen.de).

Land	Schleswig-Holstein	Kultur	●●●○
Region	Preetz	Fun	●●●●
Zeit	Ende September	Action	●●○○

Stuttgarter Volksfest: Cannstatter Wasen

1818 von König Wilhelm I. in Zeiten politischer Wirren und wirtschaftlicher Schwäche dem Volk gestiftet, lockt das Cannstatter Volksfest jedes Jahr zur Herbstzeit rund vier Millionen Gäste nach Stuttgart: mit Traditionsmorgen vor der Fruchtsäule, Festumzug mit mehr als 3500 Mitwirkenden, Wettfahrt der Heißluftballone, Familientage, Krämermarkt und zum Abschluss einem Musikfeuerwerk.

Land	Baden-Württemberg	Fun	●●●●
Region	Stuttgart	Kulinarik	●●○○
Zeit	Ende Sept.–Anf. Okt.	Atmosphäre	●●●○

Reeperbahnfestival

Im September rockt die Reeperbahn! Im Herzen St. Paulis treten an rund 70 Orten Bands und Musiker auf, die ihren ganz großen Durchbruch noch vor sich haben. Die Richtungen reichen von Hip Hop über Indie und Electro bis Jazz. Neben den Konzerten werden bildende und urbane Kunst präsentiert, auch Literatur, Film und Shows haben ihren Platz auf Deutschlands größtem Club-Festival.

Land	Hamburg	Fun	●●●●
Region	Hamburg	Action	●●○○
Zeit	Ende September	Atmosphäre	●●●○

September

Mountainbiken im Zugspitzland

Im Zugspitzland rund um Garmisch-Partenkirchen gibt es insgesamt 453 Kilometer Radwege. Hier finden vor allem Mountainbiker ein exzellentes Terrain vor. Von Einsteigertouren bis hin zu anspruchsvollen Profitouren hat jeder die Wahl nach seinem Geschmack. Zum Beispiel kann man das Wettersteingebirge auch mit dem Mountainbike umrunden. Auf 80 Kilometern und fast 2000 Höhenmetern erlebt man steile Auffahrten, technisch anspruchsvolle Pfade und rasante Abfahrten.

Land	Bayern	Action	●●●○
Region	Garmisch	Natur	●●●●
Zeit	April–September	Fun	●●●○

30

September

Windsurf World Cup Sylt

Ende September gehört der Brandenburger Strand wieder den Spitzensurfern der Welt. 130 Sportler aus 35 Ländern treten hier gegeneinander an. Auf ihrer vorletzten Station der PWA World Tour liefern sich die Surfer Wettkämpfe in den Disziplinen Wave, Freestyle und Slalom. Hier gibt es die spektakulärsten Sprünge und die wildesten Drehungen, die waghalsigsten Manöver und die kniffligsten Wendungen.

Rund 200 000 Besucher kommen mittlerweile zu dem Mega-Sportevent an der Nordsee. Den besten Blick auf Wellen und Bretter hat man von der Promenade in Westerland aus, wo auch ein umfangreiches Rahmenprogramm für die zahlreichen Gäste stattfindet: verschiedene Musikrichtungen, viel Kulinarisches und alles rund ums Thema Windsurfen sind dabei geboten. Auch ein Surfsimulator wurde hier schon aufgebaut, mit dem das Publikum sich vorstellen kann, wie die Spitzensurfer sich wohl auf ihren Brettern fühlen müssen.

Land	Schleswig-Holstein	Action	●●●●
Region	Westerland (Sylt)	Fun	●●●○
Zeit	Ende Sept./Anf. Okt.	Genuss	●●○○

Tipp

Die Insel Sylt

Sylt ist die nördlichste Insel Deutschlands, die kleine Gemeinde List der nördlichste Punkt der Republik. An den 40 Kilometer langen Sandstränden, in den bis zu 30 Meter hohen Dünen, hinter den grünen Deichen und in den zwölf schönen Orten lässt man es sich gut gehen. Während an der Westküste der Wind die Nordsee an die Küste treibt, liegt auf der ruhigeren Ostseite der Nationalpark Wattenmeer.

Oktober

Feiern auf dem Münchner Oktoberfest

1

★★★
Highlight
des Monats

Wenn der amtierende Bürgermeister die berühmten Worte »O'zapft is!« spricht, beginnt auf der Münchner Theresienwiese das größte Volksfest der Welt. 16 Tage lang begrüßen die Festwirte mehrere Millionen Besucher, die ebenso viele Liter Bier genießen. Dabei fing eigentlich alles eher beschaulich an: Am 12. Oktober 1810 stand in München die Hochzeit von Prinzregent Ludwig von Bayern, dem späteren König Ludwig I., und Prinzessin Therese von Sachsen-Hildburghausen an. Andreas Michael Dall'Armi, ein Mitglied der Bayerischen Nationalgarde, hatte die Idee, zu diesem Anlass ein Pferderennen zu veranstalten. Am 17. Oktober 1810, eine Woche nach der königlichen Hochzeit, fand es dann statt. Damit war der Grundstein für das berühmte Volksfest gelegt. 1881 eröffnete die erste Hendlbraterei auf dem Oktoberfest. Nach und nach kamen Schausteller und Fahrgeschäfte hinzu und die großen Münchner Brauereien öffneten ihre Bierzelte, in denen bei Speis, Trank und Musik gefeiert wurde. Mittlerweile pilgern jährlich unzählige Besucher aus aller Herren Länder auf die »Wiesn«. Ein Fest, das Freude macht und verbindet: Hier treffen sich Jung und Alt, Einheimische und Besucher, Traditionsverbundene und Avantgardisten zum gemeinsamen Feiern.

Land	Bayern	Fun	●●●●
Region	München	Kultur	●●●○
Zeit	Ende Spet./Anf. Oktober	Genuss	●●●○

Wilhelmshaven Sailing-CUP

Am ersten Oktoberwochenende treffen sich Traditionssegler vor Wilhelmshaven, um an ihrer ältesten Regatta teilzunehmen. Die Veranstaltung beginnt mit der Eröffnung des Kajenmarktes. Junior-Cup, Schülerregatta, Hafenschwimmen, Livemusik, Straßenkünstler, Hafenrundfahrten und ein Schlemmermarkt runden das Programm ab. Ein besonderes Highlight: Alle Schiffe können kostenlos besichtigt werden.

Land	Niedersachsen	Kultur	●●●○
Region	Wilhelmshaven	Fun	●●●○
Zeit	1. WE im Oktober	Action	●●○○

Den Tag der Deutschen Einheit feiern

Wo könnte man diesen Tag besser feiern als in der Hauptstadt? Am 3. Oktober 1990 trat mit dem Einigungsvertrag die ehemalige DDR in die Bundesrepublik ein; dieser Tag besiegelte das Ende der Teilung Deutschlands. Den Regierungssitz verlegte man von Bonn nach Berlin, in die neue Hauptstadt der Bundesrepublik. In Berlin zieht die Festmeile um das Brandenburger Tor alljährlich Tausende Feierlustige an. Doch zelebriert man den großen Tag jedes Jahr offiziell in einer anderen Stadt: Das Bundesland, das aktuell den Vorsitz im Bundesrat hat, richtet die Feier zum Tag der Deutschen Einheit aus.

Land	Berlin	Kultur	●●○○
Region	Berlin	Atmosphäre	●●●○
Zeit	3. Oktober	Action	●●○○

Weingenusswanderung um Schloss Vollrads

4

Es ist das älteste Weingut Deutschlands und liegt oberhalb von Oestrich-Winkel im Rheingau. Zu den wechselnden Veranstaltungen des Guts gehört die Weingenusswanderung durch die Weinberge des Schlosses und über den Naturlehrpfad. Unterwegs wird die Weinkultur im Rheingau erläutert und über den Weinanbau informiert. Natürlich darf bei einer solchen Wanderung auch eine zünftige Winzervesper nicht fehlen! Im Anschluss an die Tour findet eine Schlossführung statt.

Land	Hessen	Erholung	●●●○
Region	Oestrich-Winkel	Kultur	●●○○
Zeit	Anfang Oktober	Genuss	●●●○

Wein- und Kastanienmarkt Edenkoben

5

Der im Oktober stattfindende Edenkobener Wein- und Kastanienmarkt im idyllischen Umfeld von Schloss Villa Ludwigshöhe lädt ein zu vielfältigen Angeboten rund um die »Pälzer Keschde« (Edelkastanie). Zum Beispiel kann man geröstete Kastanien, Kastanienbrot, Kastanienmehl, Kastaniennudeln und sogar Kastanienwurst und Kastanienbier verkosten. Dazu gibt es Federweißen, Wein und Traubensaft. Nützliche Infos unter: www.edenkoben.de

Land	Rheinland-Pfalz	Genuss	●●●●
Region	Edenkoben	Kultur	●●○○
Zeit	Anfang–Mitte Oktober	Kulinarik	●●●●

Oktober

6

Kühe zählen beim Almabtrieb im Alpenland

Nach dem Sommer auf den sattgrünen Bergwiesen wird das Vieh zum Herbstanfang zurück in die heimischen Ställe gebracht. Häufig werden die Tiere dabei mit Blumen geschmückt und in einer eindrucksvollen Prozession bergab geführt. In den Bayerischen Alpen kann man die Tradition vielerorts miterleben. Sind die Tiere wohlbehalten in den Ställen angekommen, wird dies mit gemütlichen Volksfesten gefeiert. Musik, Tanz und kulinarische Köstlichkeiten bilden dabei den krönenden Abschluss.

Land	Bayern	Atmosphäre	●●●○
Region	Alpenraum	Kultur	●●●○
Zeit	September–Oktober	Natur	●●●●

Kranichwochen in Fischland-Darß-Zingst

7

Mit der Ruhe ist es vorbei in der vorpommerischen Boddenlandschaft, wenn jeden Herbst Zehntausende von Kranichen einfallen, auf den abgeernteten Feldern nach Nahrung suchen und abends in schier endlosen Ketten zu ihren Schlafplätzen am Bodden zurückkehren. Und mit ihnen kommen die Vogelliebhaber. Die Reedereien bieten Fahrten zu den Schlafplätzen an und das NABU-Informationszentrum startet eine Kranichwoche mit vielfältigen Angeboten. Aber auch den Rest des Jahres über ist es mit Exkursionen und Ausstellungen für Vogelliebhaber da.

Land	Mecklenburg-Vorp.	Natur	●●●●
Region	Fischland-Darß-Zingst	Fun	●●○○
Zeit	Mitte Sept.–Mitte Okt.	Action	●●○○

Römisches Kelterfest in Piesport

8

»Vinum bonum deorum donum« – dass die alten Römer guten Wein zu schätzen wussten, ist bekannt. Die Römerzeit wird beim alljährlichen Piesporter Kelterfest lebendig. Dort erlebt man, wie Wein in der Antike gekeltert wurde. Der »Imperator« höchstpersönlich hält dann zusammen mit seinem Gefolge Einzug. Er sieht zu, wie die in weiße Tuniken gekleideten Untertanen Wein keltern. Gäste erleben nicht nur das Keltern hautnah, sie verkosten auch römische Spezialitäten.

Land	Rheinland-Pfalz	Genuss	●●●●
Region	Piesport	Kulinarik	●●●●
Zeit	Anfang Oktober	Kultur	●●○○

Oktober

9

Unterwegs auf der Sächsischen Weinstraße

Das Weinanbaugebiet Sachsen erstreckt sich von Pirna über Dresden, Radebeul und Meißen bis Diesbar-Seußlitz. Es gehört zu den kleinsten Deutschlands. Die 55 Kilometer lange Sächsische Weinstraße führt durch eine alte Kulturlandschaft mit einer langen Weinbautradition. An den sonnigen Elbhängen gedeihen vor allem weiße Sorten wie Müller-Thurgau, Riesling und Weißburgunder. Das Weingutmuseum Hoflößnitz in Radebeul informiert über die Geschichte des sächsischen Weinanbaus. 2004 wurde ein 90 Kilometer langer Weinwanderweg eingeweiht.

Land	Sachsen	Genuss	●●●●
Region	rund um Pirna	Kultur	●●●○
Zeit	September–Oktober	Atmosphäre	●●○○

Zamperl bestaunen im Dackelmuseum Passau

Am 10. Oktober ist Welttag des Hundes. An diesem Tag feiert man den besten Freund des Menschen, denn Hunde bereichern den Alltag der Zweibeiner seit jeher, sie sind Begleiter, Lebensretter und Therapeuten. Um einer ganz besonderen Rasse der Vierbeiner zu huldigen, gibt es wohl keinen besseren Ort als das einzigartige Museum in Passau: das Dackelmuseum Kleine Residenz. Anhand über 4500 Ausstellungsstücken wird hier die Geschichte des Dackels vom Jagdhund bis zur Kulturikone gefeiert.

Land	Bayern	Kultur	●●●○
Region	Passau	Fun	●●●●
Zeit	ganzjährig	Atmosphäre	●●○○

Ausspannen in der Therme Bad Schandau

Der Herbst ist auch die Zeit für Wellness. Während draußen kühle Temperaturen und unbeständiges Wetter vorherrschen, ist es herrlich, sich auf einer gewärmten Massagebank niederzulegen und sich ordentlich durchkneten zu lassen. Ein guter Ort dafür ist die Therme im Erholungsort Bad Schandau, deren Angebot weit über einfache Massagen hinausreicht.

Land	Sachsen	Erholung	●●●●
Region	Bad Schandau	Atmosphäre	●●●○
Zeit	ganzjährig	Genuss	●●○○

Oktober

12

Zugvögel beobachten an der Nordsee

Wenn der Herbst naht, machen sich Millionen von Zugvögeln aus der Arktis und aus Nordeuropa auf den Weg in ihre Überwinterungsquartiere. Auf ihrer Reise machen sie Rast an den Küsten Niedersachsens und Schleswig-Holsteins und tanken am nahrungsreichen Wattenmeer Energie und Fettreserven für ihren Tausende Kilometer langen Flug in den warmen Süden. Ringel- und Graugänse, Schwäne, Störche, Sing- und Watvögel – früh aufstehen lohnt sich, wenn man die Schwärme starten sehen möchte, denn morgens ist das »Flugaufkommen« am höchsten.

Land	Nieders., Schleswig-H.	Natur	●●●●
Region	Wattenmeer	Atmosphäre	●●●○
Zeit	Oktober	Action	●●●○

Puppentheater auf der Seebühne Vitte

Theater auf Hiddensee findet im Kleinen statt: auf der Seebühne aus Lärchenholz in Vitte mit teils historischen Puppen. Diese haben nicht nur Kinderstücke und Märchen drauf, sondern »können« auch Goethe und Shakespeare und geben den Klassikern ein völlig neues Gepräge. Jenseits der Aufführungen kann die Sammlung aus Hunderten Puppen auch im Museum nebenan bewundert werden.

Land	Mecklenburg-Vorp.	Atmosphäre	●●●○
Region	Hiddensee	Fun	●●●●
Zeit	April–Oktober	Kultur	●●●○

Lange Nacht der Münchner Museen

Rund 90 Museen öffnen jedes Jahr Mitte Oktober ihre Pforten bis spät in die Nacht. Neben den Klassikern wie den Pinakotheken oder dem Deutschen Museum entdeckt man als Besucher auch unbekanntere Sammlungen wie etwa das Deutsches Jagd- und Fischereimuseum oder das Museum Reich der Kristalle. Shuttlebusse bringen einen von Ort zu Ort. Begleitet wird das Ganze von einem bunten Rahmenprogramm.

Land	Bayern	Kultur	●●●●
Region	München	Atmosphäre	●●●○
Zeit	Mitte Oktober	Fun	●●●○

Rübeländer Tropfsteinhöhlen erkunden

Stalaktiten und Stalagmiten wachsen hier in einem Jahrtausende dauernden Wettstreit. Kristalle funkeln in der Dunkelheit, und vielleicht sieht man auch einen Grottenolm oder eine Fledermaus vorbeihuschen. Baumanns- und Hermannshöhle heißen die beiden sehenswerten Höhlen im Harz, in denen man tief in die Erdgeschichte eindringt. Bei einer Führung erfahren Besucher Wissenswertes über die Höhlenwelten.

Land	Sachsen-Anhalt	Natur	●●●●
Region	Harz	Atmosphäre	●●●○
Zeit	April–November	Erholung	●●○○

Oktober

Sich durchs Bierland Franken trinken

Auf rund 2000 Quadratkilometern Fläche befinden sich mehr als 70 Brauereien. Frankens Braukultur besticht durch ihre Vielfalt. Nicht selten sind auch kleinste Gasthausbrauereien zu entdecken. In den Brauereien werden meist untergärige, dunkle Biere gebraut, wobei das Bier teilweise nur im Ausschank der jeweiligen Gastwirtschaft genossen werden kann. Jedes hat seinen individuellen Geschmack und Charakter. Probieren kann man die fränkische Biervielfalt u. a. auf einem der Brauereiwege oder bei einer geführten Brauereiwanderung.

Land	Bayern		Genuss	●●●●
Region	Franken		Kultur	●●●○
Zeit	ganzjährig		Kulinarik	●●●○

17

Oktober

Schmökern auf der Frankfurter Buchmesse

Im Herbst dreht sich in der Stadt am Main alles um die Buchmesse. Die Frankfurter Buchmesse gilt als einer der weltweit bedeutendsten Handelsplätze für Bücher, Medien und die damit verbundenen Rechte und Lizenzen. Die international renommierte Messe lockt aber nicht nur Fachleute wie Autoren, Buchhändler und Verleger an. Auch private Besucher kommen in großer Zahl alljährlich hierher, um sich über Neuerscheinungen auf dem Buchmarkt zu informieren. Am Wochenende werden einige der Neuerscheinungen dann zum Verkauf angeboten. Es finden außerdem spannende Lesungen und Vorträge statt, an denen das breite Publikum teilnehmen kann.

Rund 300 000 Besucher, 7500 Aussteller und über 100 Länder sind jeden Herbst auf der Frankfurter Buchmesse vertreten. Und jedes Jahr ist ein anderes Land Ehrengast. Außerdem werden der Deutsche Buchpreis, der Friedenspreis des Deutschen Buchhandels und der Deutsche Jugendliteraturpreis verliehen.

Land	Hessen	Kultur	●●●●
Region	Frankfurt am Main	Atmosphäre	●●●○
Zeit	Mitte–Ende Oktober	Fun	●●○○

Tipp

»Äbbelwoi« und »Grie Soß« probieren
Der Frankfurter Stadtteil Alt-Sachsenhausen ist bekannt für seine Kneipen und Apfelweinwirtschaften. Zahlreiche »Äbbelwoi-Wertschafte« bieten neben dem erfrischend-säuerlichen Getränk auch typische Frankfurter Gerichte wie Rindfleisch mit grüner Soße an, die aus sieben Kräutern zubereitet wird.

18

Apfelfahrt und Apfelmarkt in Flensburg

Alljährlich an einem Wochenende im Herbst begeben sich die Schiffe des Museumshafens in Flensburg auf die Apfelfahrt nach Glücksburg. In Flensburg, Glücksburg und Kollund feiert man aus diesem Anlass Apfelfeste und genießt Kulinarisches aus der Region wie z. B. frisch gepressten Apfelsaft oder Apfeltaschen. Informationen unter: www.historischer-hafen.de

Land	Schleswig-Holstein	Genuss	●●●●
Region	Flensburg, Glücksburg	Kulinarik	●●●○
Zeit	Anfang/Mitte Oktober	Atmosphäre	●●○○

19

Einkaufen auf dem Weimarer Zwiebelmarkt

Nichts geht am zweiten Oktoberwochenende in Weimar ohne die Zwiebel: Auf dem Kuchen, in der Suppe oder im berühmten Zopf – der Weimarer Zwiebelmarkt ist legendär. Als »Viehe- und Zippelmarckt« ging das bunte Herbsttreiben in die Geschichtsbücher ein und hat sich seit seinen Anfängen im Jahr 1653 zu einem der beliebtesten Volksfeste Thüringens entwickelt, bei dem noch heute die Zwiebelmarktkönigin gewählt wird.

Land	Thüringen	Genuss	●●●○
Region	Weimar	Kulinarik	●●●●
Zeit	2. WE im Oktober	Fun	●●●○

Oktober

In der Lübecker Schiffergesellschaft einkehren

Im Jahr 1535 kaufte der ehrwürdige Seefahrerverbund Lübeck das spätgotische Gebäude, in dem sich heute ein Restaurant mit sehenswerter historischer Gaststube befindet. Das Haus blickt auf eine über 500 Jahre alte Geschichte zurück; es überstand diverse Kriegswirren und konnte dennoch die Zeit überdauern. An den Räumlichkeiten und am gemütlichen Beisammensein hat sich seit anno dazumal tatsächlich nicht viel verändert. Nur die Speisekarte enthält heute klassisch norddeutsche Speisen sowie Variationen aus anderen Ländern.

Land	Schleswig-Holstein	Genuss	●●●●
Region	Lübeck	Erholung	●●○○
Zeit	ganzjährig	Atmosphäre	●●●○

21

Oktober

Unterwegs auf der Via Regia: Pilgern durch Sachsen

Im Herbst lohnt es sich, Sachsen zu besuchen, weil es nicht nur aus historischen Altstädten besteht, die man schließlich das gesamte Jahr über besichtigen kann. Es ist die Natur, die im Herbst ihren Reiz ganz besonders entfaltet. Eines der schönsten Beispiele ist der Muskauer Park. Aber auch überall sonst färben sich die sanften Hügel bunt, laden zu kleinen und großen Wanderungen ein. Wer Besinnung und eine Auszeit vom Alltag sucht, der pilgert am besten auf der Via Regia.

Schon im Mittelalter kreuzten sich wichtige Handels- und Pilgerwege in Leipzig. Einer davon war die Via Regia. Als Ost-West-Verbindung war sie eine wichtige Tangente zwischen Russland und den Ländern am Atlantik und der Nordsee. Nicht nur Handelsgüter folgten dem Verlauf, sondern auch Pilger. Einige machten sich auf diesem Wege über die Via Regia auf nach Santiago de Compostela. Daraus ist ein ökumenischer Pilgerweg entstanden. Die Route beginnt in Görlitz; wer längere Pilgerstrecken bevorzugt, kann die gesamte Tour von Görlitz nach Vachta mit 466 Kilometern zurücklegen. Die Strecke zwischen Görlitz und Leipzig ist ideal für eine kürzere Zeitspanne. Wer sie verlängern möchte, kann dieses mit einer Variante des Lutherweges nach Erfurt und Eisenach tun.

Land	Sachsen	Erholung	●●●●
Region	Görlitz, Leipzig	Natur	●●●●
Zeit	September/Oktober	Atmosphäre	●●●●

Tipp

Kloster St. Marienstern
Seit seiner Gründung 1248 als Zisterzienserinnenabtei war dieser Ort durchgängig ein Kloster. Zwölf Schwestern sorgen heute dafür, dass das Kloster neben seinen geistlichen Aufgaben auch die weltliche Anbindung nicht vergisst. Die Backstube ist für Brot und Kuchen berühmt; die Schwestern stellen auch Fruchtaufstrich, Kleidung und einen Likör selbst her und verkaufen ihn im Klosterladen.

22

Tradition erleben auf der Auer Dult in München

Die Auer Dult ist ein traditioneller Jahrmarkt rund um die Maria-Hilf-Kirche im Stadtteil Au. Im Gegensatz zum Oktoberfest ist sie überwiegend ein Fest für die Münchner. Sie findet drei Mal im Jahr für jeweils neun Tage statt. Die Maidult startet am ersten Maiwochenende. Es folgt die Jakobidult im Juli, und im Oktober lassen die Münchner mit der Kirchweihdult den Altweibersommer endgültig ausklingen. Die Dult ist weit mehr als nur Europas größter Trödel-, Geschirr- und Haushaltswarenmarkt; sie ist auch eine Bühne für Marktschreier und andere Münchner Originale.

Land	Bayern	Fun	●●●●
Region	München	Kultur	●●●○
Zeit	Mitte/Ende Oktober	Atmosphäre	●●●○

Auf dem Bremer Freimarkt feiern

Das »größte Volksfest im Norden« findet seit fast 1000 Jahren statt. Zelebriert wird dabei die Marktgerechtigkeit. Immer in den letzten beiden Oktoberwochen steht Bremen für 17 Tage kopf. Nirgends gibt es solch atemberaubende Attraktionen wie auf dem Freimarkt: Ob Achterbahn, Riesenrad oder Geisterbahn, auf rund 100 000 Quadratmetern finden Groß und Klein jede Menge Unterhaltung. Und natürlich ist auch für das leibliche Wohl gesorgt.

Land	Bremen	Fun	●●●●
Region	Bremen	Kultur	●●○○
Zeit	letzte 2 Wochen im Okt.	Atmosphäre	●●●○

Bergische Waffeln auf Schloss Burg schlemmen

Schloss Burg und die Bergische Waffel sind der Inbegriff des Bergischen Landes und genau richtig an kalten Herbsttagen. Auf der sehenswerten Burg wird das beliebte Süßgebäck in Sachen Verkostung angeboten. Doch auch Freunde deftiger Speisen finden hier ihre Erfüllung: die Bergische Schinkenplatte mit herzhaftem Schwarz- und Graubrot, Butter, Käse, Blutwurst und Schinken.

Land	Nordrhein-Westfalen	Genuss	●●●●
Region	Solingen	Kulinarik	●●●○
Zeit	ganzjährig	Atmosphäre	●●○○

Oktober

Lindauer Marionettenoper besuchen

Seit dem Jahr 2000 werden in Lindau mit großem Erfolg Stücke wie »Die Zauberflöte«, »Carmen«, »Die Fledermaus«, »La Traviata« und »Schwanensee« in der Marionettenbühne aufgeführt. Gerade weil die Puppen(spieler) sich nicht aufs Singen konzentrieren müssen, können sie eine besondere dramatische Kraft entwickeln.

Land	Baden-Württemberg	Atmosphäre	●●●○
Region	Lindau	Fun	●●●●
Zeit	ganzjährig	Kultur	●●●●

Paderborner Herbstlibori

Auf dem Paderborner Liboriberg finden sich Ende Oktober rund 70 Schausteller ein, um ein Unterhaltungsprogramm für Jung und Alt anzubieten. Geschichtlich begann der Herbstlibori 1627 mit der Feier der Rückgabe der Reliquie des Heiligen Liborius, Stadt- und Bistumspatron von Paderborn. Die Reliquie war im Dreißigjährigen Krieg vom Braunschweiger Herzog Christian geraubt worden.

Land	Nordrhein-Westfalen	Fun	●●●●
Region	Paderborn	Kultur	●●●○
Zeit	Ende Oktober	Atmosphäre	●●●○

Oktober

Shopping in Hamburg

In der Hansestadt lassen sich Sightseeing und Shopping ganz wunderbar verbinden. Mit einem Netz von Passagen wurde die Hamburger Innenstadt seit den 1980er-Jahren zu einem beliebten Einkaufsparadies. Neben den altehrwürdigen Colonnaden und Alsterarkaden laden zwischen Gänsemarkt, Bleichenfleet und Mönckebergstraße die Galleria, das Hanse-Viertel, die Mellin-Passage, der Hamburger Hof und die Europa-Passage zu noblem und stilvollem Shopping ein. Zu einer Verschnaufpause kann man dann in eines der netten Cafés einkehren.

Land	Hamburg		Atmosphäre	●●●○
Region	Hamburg		Fun	●●○○
Zeit	ganzjährig		Genuss	●●○○

Staunen in den Saalfelder Feengrotten

Als »Thüringens Wunder tief im Berg« und als eine der »farbenreichsten Schaugrotten der Welt« werden die Feengrotten auch bezeichnet. Sie stehen sogar im Guiness-Buch der Rekorde. Mit der Zeit schuf die Natur in den verlassenen Stollen und Weitungen ein unterirdisches Kleinod an Form und Farbe. Alljährlich lassen sich seit der Eröffnung 1914 viele Besucher faszinieren von der unterirdischen Welt des historischen Alaunschieferbergwerks. Für Kinder werden spezielle Führungen angeboten.

Land	Thüringen		Natur	●●●●
Region	Saalfeld an der Saale		Atmosphäre	●●●○
Zeit	Februar–Dezember		Erholung	●●○○

Entdeckungstour im Frankfurter Senckenberg

Ein verregneter grauer Oktobertag? Dann nichts wie ab ins Senckenberg Naturmuseum! Tief in die Geschichte des Lebens taucht man im größten Naturgeschichtsmuseum Deutschlands ein. Riesige Skelette von Sauriern und Elefanten überragen die Besucher, die faszinierende Evolution der Pflanzen lässt sich schrittweise nachvollziehen. Dem ein oder anderen jagen jedoch die vielen eingelegten Präparate Schauer über den Rücken.

Land	Hessen	Fun	●●●○
Region	Frankfurt am Main	Atmosphäre	●●○○
Zeit	ganzjährig	Kultur	●●○○

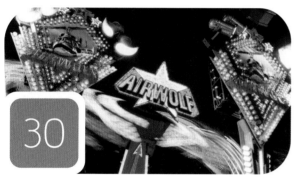

Herbstend in Münster feiern

Drei Mal im Jahr – im Frühjahr, Sommer und Herbst – feiert Münster seine Kirmes. Das 32 000 Quadratmeter große Festareal liegt auf dem Schlossplatz vor der malerischen Kulisse des Münsteraner Schlosses. Besonders schön ist das traditionell abgehaltene Feuerwerk am Abend. Und immer donnerstags ist Familientag, dann gibt es 30 Prozent Ermäßigung auf alle Fahrgeschäfte.

Land	Nordrhein-Westfalen	Fun	●●●●
Region	Münster	Kultur	●●○○
Zeit	Ende Okt./Anf. Nov.	Atmosphäre	●●●○

Jazzfest in Berlin

Bereits seit dem Jahr 1964 ist Ende Oktober, Anfang November die Zeit der Jazzfreunde in Berlin. Progressive Musikstile darf man hier ebenso erwarten wie traditionelle, es finden sich etablierte Stars ein, aber auch so mancher hoffnungsvolle Newcomer. Eine Öffnung in Richtung Pop, Rock, Ethno und neue Musik zeichnet sich seit einigen Jahren ab.

Land	Berlin	Kultur	●●●●
Region	Berlin	Genuss	●●●○
Zeit	Ende Okt./Anf. Nov.	Atmosphäre	●●●○

Oktober

November

Glorreiche Rheingau Tage

Sie wurden im Jahr 1987 aus der Taufe gehoben und feiern die Beendigung der Weinlese alljährlich Anfang November. Hier können sich Besucher auf acht erlebnisreiche Tage mit kulinarischen und kulturellen Genussmomenten freuen. Den krönenden Abschluss der Veranstaltungsreihe bildet die legendäre Riesling-Gala im Kloster Eberbach. Am letzten Sonntag der Rheingau-Tage genießen bis zu 500 Gäste im Laiendormitorium des Klosters vorzügliches Essen und darauf abgestimmte Weine.

Land	Hessen	Genuss	••••
Region	Rheingau	Kulinarik	••••
Zeit	Anfang November	Atmosphäre	••••

Nordische Filmtage in Lübeck

Im Spätherbst dreht sich in Lübeck fünf Tage lang alles um neue Filme aus Skandinavien, dem Baltikum und Norddeutschland. Bei einem der ältesten Filmfestivals stehen Spiel-, Dokumentar- und Kurzfilme im Wettbewerb um die Preise. Außerdem gibt es ein umfangreiches Kinder- und Jugendprogramm und eine Retrospektive. Viele der Regisseure, die hier ihre Debütfilme vorstellten, haben inzwischen Weltruhm erreicht, wie etwa Aki Kaurismäki, Lasse Hallström und Bille August.

Land	Schleswig-Holstein	Fun	•••○
Region	Lübeck	Kultur	••••
Zeit	Anfang November	Atmosphäre	••○○

Soester Allerheiligenkirmes

Wenn knapp eine Million Besucher die Stadt fluten, wird es eng in der Soester Innenstadt. Aber genau das macht wohl die unvergleichliche Stimmung der größten Altstadtkirmes Europas mit 400 Buden und Fahrgeschäften aus. In der pittoresken Umgebung zieht vor allem der Pferdemarkt die Besucher an. Und spätestens, wenn die »billigen Jakobs« (als traditionelle Marktschreier) Käse, Würste oder Früchte anpreisen, fühlt man sich zurückversetzt in eine längst vergangene Zeit. Ein besonderer Tipp: Trinkfeste Gäste freuen sich auf das Getränk »Bullenauge«.

Land	Nordrhein-Westfalen	Fun	●●●●
Region	Soest	Kultur	●●●○
Zeit	Allerheiligen	Kulinarik	●●●○

4

Miniatur Wunderland Hamburg besuchen

In Skandinavien läuft ein Frachtschiff langsam in den Fjord ein, in Amerika beleuchten die Wolkenkratzer die Skyline, am Flughafen landet ein Jumbojet und im idyllischen Knuffingen muss leider die Feuerwehr ausrücken. Und immer wieder dampfen Eisenbahnen durch die Landschaft, und das alles im Maßstab 1 : 87. Willkommen im Miniatur Wunderland! Ob nun in einem Badeort in Italien, auf dem Matterhorn oder im Hafen von Hamburg – es gibt unglaublich viel zu entdecken in der Modelleisenbahnlandschaft der Brüder Frederik und Gerrit Braun.

Land	Hamburg	Fun	●●●●
Region	Hamburg	Action	●●○○
Zeit	ganzjährig	Kultur	●●○○

5

Speisen im »Teepott« von Warnemünde

Berliner mögen sich beim Anblick des »Teepotts« an ihre Kongresshalle erinnert fühlen. Und das nicht zu Unrecht: Die markante Betonschalenkonstruktion lehnt sich an die »Schwangere Auster« in Berlin an. 1968 wurde das Gebäude anstelle eines Teepavillons am Rostocker Leuchtturm errichtet. Heute beherbergt es Restaurants und Cafés, in denen man besonders an rauen Herbsttagen Unterschlupf findet.

Land	Mecklenburg-Vorp.	Genuss	●●○○
Region	Rostock	Kulinarik	●●●○
Zeit	ganzjährig	Atmosphäre	●●●○

November

Pferdewallfahrt in Bad Tölz miterleben

Der heilige Leonhard von Limoges ist der Schutzpatron der Nutztiere und wird vor allem in Süddeutschland und Österreich verehrt. Jährlich am 6. November (außer dieser ist ein Sonntag), findet ihm zu Ehren die Leonhardifahrt statt. Die größte und bedeutendste davon ist die Pferdewallfahrt im oberbayerischen Bad Tölz. Frühmorgens werden die Pferde vor die festlich geschmückten Wagen gespannt. In ihnen fahren die Frauen und Kinder in prachtvollen Trachten, während die Männer auf Pferden reiten. Vom Bäderviertel aus zieht die Wallfahrt, begleitet von Blaskapellen und Spielmannszügen und unter den bewundernden Blicken von Tausenden von Zuschauern, zum Kalvarienberg. An der pittoresken Leonhardikapelle – und ein weiteres Mal an der Mühlfeldkirche – werden Wallfahrer und Rösser vom Pfarrer gesegnet. Damit auch der Leib nicht zu kurz kommt, trifft man sich danach zur geselligen Einkehr im Wirtshaus, bevor am frühen Nachmittag ein weiterer Höhepunkt folgt: In der Marktstraße lassen die »Goaßlschnalzer« ihre Peitschen kunstfertig mit rhythmischem Knallen erschallen. In den späten Abendstunden lässt man den stimmungsvollen Tag dann mit Blasmusik ausklingen.

★★★
Highlight des Monats

Land	Bayern	Atmosphäre	●●●○
Region	Bad Tölz	Genuss	●●●○
Zeit	6. November	Kultur	●●●●

Auf Spurensuche durch die Geschichte im Magdeburger Jahrtausendturm

Einen Gegensatz zur trutzigen Pracht des Mittelalters in der Magdeburger Altstadt bildet der Freizeitpark im Elbauenpark mit Themengärten, Sportareal und Sommerrodelbahn. Ein Hingucker ist der spitzhutförmige Jahrtausendturm, in dessen Innerem Wissenschaftsgeschichte interaktiv erfahrbar wird. Auf fünf Ebenen, die sich durch den schief konstruierten Holzturm ziehen, reist man durch 6000 Jahre Erfindungen und Errungenschaften der Menschheit, gerade im Winter ein spannender Zeitvertreib. Auf der sechsten Ebene befindet sich eine Aussichtsplattform.

Land	Sachsen-Anhalt	Kultur	●●●●
Region	Magdeburg	Action	●●○○
Zeit	ganzjährig	Fun	●●●○

Faszination Technik Museum Speyer

Wissenschaft zum Anfassen, Verstehen und Mitmachen wird hier bereits seit 1991 geboten. Die Dächer alter Industriehallen sind von riesigen Flugzeugen gekrönt, frisch poliert und mit Tragflächen, die von den Besuchern begangen werden können. Man erfährt auch, wie Landekapseln von Raumschiffen von innen aussehen oder wie viel Platz U-Boote tatsächlich bieten. Genial für Kinder: An realen Objekten wie Löschfahrzeugen oder Lokomotiven und Schiffen werden Funktionsweisen nachvollziehbar dargestellt. Wo sonst kann man schon mal im Cockpit einer Boeing 747 Platz nehmen?

Land	Rheinland-Pfalz	Kultur	●●●●
Region	Speyer	Fun	●●●○
Zeit	ganzjährig	Action	●●○○

East Side Gallery in Berlin

Der 9. November ist der Jahrestag des Falls der Berliner Mauer, die bis 1989 Ost- und Westdeutschland trennte. Bester Anlass, der Freude über das Ende der Teilung zu gedenken. Zu den eindrucksvollsten Überresten der Mauer zählt die East Side Gallery in Berlin-Friedrichshain. Auf dem längsten erhaltenen Teilstück der Mauer haben 1990 118 Künstler aus 21 Ländern die größte Open-Air-Galerie der Welt erschaffen.

Land	Berlin	Kultur	●●●●
Region	Berlin	Fun	●●○○
Zeit	9. November	Atmosphäre	●●●○

Heiße Schokolade im Kölner Schokoladenmuseum

Verführerisch langsam rinnt die Süßigkeit am Schokoladenbrunnen herunter, mit Waffeln schnappt man sich ein wenig von der leckeren Soße. Doch dieses besondere Museum in Köln hat mehr zu bieten als nur die Verkostung von Schokolade. In einem Tropenhaus kommt man dem Ursprung der leckeren Versuchung näher, dort kann man nämlich Kakaobäume bewundern.

Land	Nordrhein-Westfalen	Genuss	●●●○
Region	Köln	Kulinarik	●●○○
Zeit	ganzjährig	Atmosphäre	●●●○

November

11

November

Den Karnevalsbeginn in Köln feiern

Am 11.11., pünktlich um 11.11 Uhr, beginnt in Köln der Karneval. Das Unterhaltungsprogramm auf dem Kölner Heumarkt und dem Alten Markt startet bereits um 9 Uhr morgens und die Vorfreude hebt sich immer mehr ihrem Höhepunkt entgegen. Dann schließlich – um genau 11.10 Uhr und 50 Sekunden – zählen etwa 20 000 Menschen in bunten Kostümen die letzten zehn Sekunden bis zum Beginn der »Session« herunter. Mit einem lauten »Kölle Alaaf« ist der Karneval eröffnet und bekannte Karnevalsmusiker versetzen die Feiernden in Mitsing- und Schunkelstimmung. Ein weiteres Highlight ist die Vorstellung des Kölner Dreigestirns – Prinz, Bauer und Jungfrau –, die die offiziellen Regenten über das närrische Volk repräsentieren. Ist das offizielle Programm vorbei, ist der Auftakt der »Fünften Jahreszeit« jedoch noch lange nicht zu Ende. Denn in den Kneipen der Stadt wird noch bis spät in die Nacht kräftig weitergefeiert. Um das fröhliche Ereignis einmal live mitzuerleben, sollte man früh da sein, um sich einen guten Platz zum Zuschauen zu sichern.

Wer nicht genug von der ausgelassenen Feierlaune bekommen kann, besucht die Stadt nochmals nach Ende der ruhigen Advents- und Weihnachtszeit. Denn ab Neujahr finden zahlreiche Karnevalsveranstaltungen statt: Karnevalssitzungen und -bälle, Tanzgruppen, Büttenredner und kölsche Musiker sorgen für gute Stimmung, bis der Karneval mit der Eröffnung des Straßenkarnevals an Weiberfastnacht (Donnerstag vor Aschermittwoch) und den berühmten großen Rosenmontagsumzügen seinen Höhepunkt erreicht. Die Jecken haben in der Domstadt auch danach noch das Kommando, bis der Aschermittwoch das fröhliche Treiben schließlich beendet.

Land	Nordrhein-Westfalen	Fun	●●●●
Region	Köln	Genuss	●●●○
Zeit	11. November	Kultur	●●●○

Eine Kneipentour ist zum »Sessionsbeginn« ein Muss. Beliebte Hotspots für die Party bei einem frischen Kölsch und rheinischer Herzlichkeit findet man z. B. rund um die Zülpicher Straße, wo sich viele Studenten tummeln und der »Schunkelfaktor« besonders hoch ist. Zahlreiche urige Kneipen und gute Partys mit gemischtem Publikum und echter Karnevalsmusik gibt es rund um den Chlodwigplatz in der Südstadt.

12

Auf zum Hamburger Winterdom!

Gleich drei Mal jährlich steigt für jeweils vier Wochen auf dem Heiligengeistfeld das wohl größte und besucherstärkste Volksfest Norddeutschlands. Der Hamburger Winterdom ist eine 1,6 Kilometer lange Erlebnismeile mit über 230 Attraktionen – von klassischen Kinderkarussells zu Achterbahnen mit spektakulären Loopings. Wer es lieber ruhiger mag, für den stehen Eisstock- und Bogenschießen auf dem Programm. In der kalten Jahreszeit schmecken frisch gebrannte Mandeln und Glühwein.

Land	Hamburg	Fun	●●●●
Region	Hamburg	Action	●●●○
Zeit	Mitte November	Genuss	●●○○

13

Unterwegs mit der Harzer Schmalspurbahn

Wenn sich die alten Dampflokomotiven der Harzer Schmalspurbahn rauchend und fauchend auf dem Brocken winden, dann schlägt das Herz vieler Eisenbahnfans höher. Die Orte Wernigerode, Nordhausen, Hasselfelde, Harzgerode und Quedlinburg können mit nostalgischen Zügen erreicht werden. Mit 140 Kilometern verfügen die Harzer Schmalspurbahnen über das größte dampfbetriebene Bahnnetz Europas. Genutzt werden sie von mehr als einer Million Fahrgästen jährlich. Die spektakuläre Landschaft sowie über 400 Brücken und Tunnel lassen die Fahrt zu einem ganz besonderen Erlebnis werden.

Land	Sachsen-Anhalt	Fun	●●○○
Region	Wernigerode	Kultur	●●○○
Zeit	ganzjährig	Atmosphäre	●●●○

November

Heidelberger Winterzauber erleben

Heidelberg, die schöne Stadt am Neckar, ist zu jeder Jahreszeit eine Reise wert. Doch gerade im Winter funkelt sie wie ein Juwel. Das Schloss hoch über der Stadt ist rundum angestrahlt, die Pfeiler der Alten Brücke sind in ein warmes Licht getaucht und die schneebedeckten Dächer der Altstadt vervollständigen den märchenhaften Anblick. Besonders sehenswert ist das »Haus zum Ritter«, dessen Renaissance-fassade zu den schönsten des Kontinents zählt. Einen besonders guten Blick über das Schloss und die Stadt genießt man vom Philosophenweg aus.

Land	Baden-Württemberg	Kultur	●●●●
Region	Heidelberg	Erholung	●●●○
Zeit	November–Februar	Atmosphäre	●●●○

Tee mit Rum genießen im Ostfriesischen Teemuseum

Wenn die Tage kälter werden, sorgt allein schon der Gedanke an eine warme Tasse Tee für Wohlfühlstimmung. Genau richtig ist man da in Ostfriesland. Denn seit Anfang des 17. Jahrhunderts der Tee erstmals die Region erreichte, ist er aus dem Leben der Einheimischen nicht mehr wegzudenken. Im Teemuseum in der Stadt Norden erfährt man alles über die Geschichte des Teehandels und bewundert ostfriesisches Teegeschirr sowie die gemütlichen Wohnstuben der Ostfriesen. Viermal die Woche gibt es eine Teezeremonie mit echtem Ostfriesentee.

Land	Niedersachsen		Genuss	●●●●
Region	Norden		Kulinarik	●●●○
Zeit	ganzjährig		Atmosphäre	●●●○

Federweißerfest in Cochem

An zwei Wochenenden im November feiert Cochem zum Saisonabschluss das Federweißerfest. Es gibt ein großes Festzelt mit Livemusik auf dem Endertplatz. Auch kulinarisch ist einiges geboten: Selbstverständlich wird frischer Federweißer ausgeschenkt, dazu schmeckt deftiger Zwiebelkuchen. Wer Zeit hat, sollte unbedingt auch das reizvolle Städtchen besuchen: Schöne alte Häuser stehen an der Moselpromenade und am Marktplatz mit dem barocken Rathaus. Über der Stadt thront die Reichsburg Cochem, die man ebenfalls besichtigen kann.

Land	Rheinland-Pfalz	Genuss	●●●●
Region	Cochem	Kulinarik	●●○○
Zeit	Mitte November	Atmosphäre	●●●○

Schneeballen probieren

Nicht aus Schnee, sondern aus Mürbeteig besteht dieses traditionelle Gebäck der Region im Taubertal, das – mit reichlich Puderzucker bestäubt – dem echten Schneeball ähnelt. Es schmeckt vorzüglich im Original, ist aber auch mit Schokolade oder Marzipan verfeinert ein absoluter Genuss. Dazu ein Heißgetränk, und das kalte Wetter ist im Nu vergessen!

Land	Bayern	Genuss	●●●○
Region	Taubertal	Kulinarik	●●●○
Zeit	ganzjährig	Atmosphäre	●●○○

Auf Luthers Spuren durch Eisleben

Wie Wittenberg hat auch Eisleben Martin Luther (1483–1546) an zentraler Stelle ein Denkmal gesetzt: Das Monument auf dem Marktplatz wurde zu seinem 400. Geburtstag (1883) aufgestellt und mehrfach restauriert. Besucher können u. a. das Geburtshaus und das angebliche Sterbehaus des Reformators (beide Welterbe der UNESCO) besuchen.

Land	Sachsen-Anhalt	Kultur	●●●●
Region	Lutherstadt Eisleben	Fun	●●○○
Zeit	ganzjährig	Action	●●○○

November

SEIN NAME WIRD GENANNT WERDEN;
WUNDERBAR. RATH. KRAFT. HELD. EWIG. VATER. FRIEDE. FUERST.
IESAIAS. IX v 6.

IN IHM WOHNET DIE GANZE FUELLE DER GOTTHEIT LEIBHAFTIG. COLOSSER II v 9.

19

Potsdamer Winteroper in der Friedenskirche

Seit 2005 inszeniert die Potsdamer Kammerakademie jedes Jahr im historischen Schlosstheater des Neuen Palais von Schloss Sanssouci eine höfische Oper. Während der 2013 begonnenen Renovierung wurde das Ereignis in die Friedenskirche verlegt. Um dem besonderen Raum gerecht zu werden, standen während dieser Übergangszeit Oratorien etwa von Händel oder Mozart auf dem Programm. Ab 2020 finden die Veranstaltungen dann wieder im Schlosstheater statt. Ein Klangerlebnis vom Feinsten!

Land	Brandenburg	Kultur	●●●●
Region	Potsdam	Genuss	●●●○
Zeit	November	Atmosphäre	●●●●

20

Bei den Harzer Gourmet-Tagen schlemmen

Der Harz und sein Vorland bieten eine reichhaltige Schatzkammer für die Zubereitung eines köstlichen und gesunden Essens. Immer mehr Gastronomen des Harzes, oft in Kooperation mit heimischen Produzenten, besinnen sich daher auf die kulinarischen Qualitäten ihrer Region. Mittlerweile sind die »Gourmet-Tage« im Harz etabliert. Ihr Ziel ist es, Qualität und Regionalität unter Beweis zu stellen – und das an vier Tagen im Jahr. So kann man den Harz in jeder Jahreszeit kulinarisch neu entdecken.

Land	Sachsen-Anhalt	Kulinarik	●●●●
Region	Harz	Genuss	●●●●
Zeit	Februar–November	Atmosphäre	●●○○

Auf den Spuren der Brüder Mann ins Buddenbrookhaus

Das Haus mit der weißen Rokokofassade steht kurz vor dem Verkauf, die Möbel sind zum Schutz mit weißen Laken verhüllt, die Kaufmannsfamilie Buddenbrook steht vor dem Aus. Hier hat die Familie aus dem gleichnamigen Roman des Literaturnobelpreisträgers Thomas Mann aber nie gewohnt. Es ist vielmehr das Haus der Großeltern des Schriftstellers, der aus einer traditionsreichen Kaufmannsfamilie stammte. Das heutige Museum lässt ein Stück Weltliteratur lebendig werden, denn es befasst sich mit der Geschichte der Familie Mann.

Land	Schleswig-Holstein	Kultur	●●●●
Region	Lübeck	Atmosphäre	●●○○
Zeit	ganzjährig	Fun	●●○○

Durch die Zeit reisen im Museum Industriekultur

Wo in den 1920er-Jahren noch Schrauben gefertigt wurden, befindet sich heute eines der größten Museen des Landes zum Thema Industriegeschichte. Es zeigt die Wirtschaftsgeschichte der Stadt Nürnberg und der gesamten Region vom 19. Jahrhundert bis heute. Dabei geht es interaktiv zu: Man kann in einer Druckerei selbst Hand anlegen, Bleistifte herstellen oder die ersten Computerspiele testen.

Land	Bayern	Kultur	●●●○
Region	Nürnberg	Fun	●●●○
Zeit	ganzjährig	Atmosphäre	●●○○

Alt-Berlin im Nikolaiviertel erkunden

Genug vom lauten Vorweihnachtstrubel in der Hauptstadt? Dann sollte man durch das Nikolaiviertel schlendern. Hier stehen einige der ältesten Gebäude Berlins. In den Gassen warten nette Cafés, urige Kneipen und kleine Läden auf neugierige Kundschaft. Bei vielen der historischen Häuser handelt es sich zwar um Rekonstruktionen, doch das nimmt dem Viertel nichts von seinem Flair.

Land	Berlin	Genuss	●●●○
Region	Berlin	Erholung	●●○○
Zeit	ganzjährig	Kulinarik	●●●○

November

24

November

Nacht der offenen Weinkeller in Würzburg

Unbestreitbar ist Würzburg eng mit dem Weinanbau verbunden. Im 14. Jahrhundert gründeten reiche Würzburger Bürger ein Spital zur Pflege armer und kranker Menschen und statteten es mit Weinbergen aus, um den Betrieb zu finanzieren. Gleiches tat im 16. Jahrhundert Fürstbischof Julius Echter. Heute gehören Bürger- und Juliusspital zu den renommiertesten und größten Weingütern Frankens.

Wer gern mehr über den Weinanbau, die Lagerung oder Ähnliches erfahren möchte oder sowieso schon ein Kenner und Genießer des guten Tropfens ist, darf sich im Herbst die Nacht der offenen Weinkeller nicht entgehen lassen. In den vier VDP-Prädikatsweingütern Würzburgs finden dann Verkostungen statt und man bekommt Einblicke »hinter die Bühne« oder besser gesagt »in den Keller«. In den Kellergewölben der Staatlichen Hofkellerei unter der Residenz lagern unschätzbare Werte an kostbaren Weinen. Neben dem Bürgerspital zum Heiligen Geist zählt das 1576 von Fürstbischof Julius Echter gegründete Juliusspital heute zu den ersten Adressen für die Liebhaber des Frankenweins. Also nichts wie ab in den Keller und die guten Tropfen verkosten!

Land	Bayern	Genuss	●●●●
Region	Würzburg	Kulinarik	●●●●
Zeit	Mitte/Ende November	Atmosphäre	●●●○

In einer Heckenwirtschaft einkehren
Und noch eine Tradition dreht sich hier um den Wein, denn im Frühherbst öffnen die Heckenschänken der Winzer rund um Würzburg für eine kurze Zeit ihre Türen. Dann gibt es schlichte fränkische Hausmannskost und natürlich den guten Trank in einer urigen, familiären Atmosphäre.

25

Erstes Weihnachtsfeeling in Rothenburg aufkommen lassen

Rothenburg ob der Tauber ist ein besonderer Ort zwischen Nordsee und Alpen. In aller Welt gilt er als Inbegriff des Altdeutschen, doch die meisten Deutschen sind nie dort gewesen. Man hält ihn für ein originales Stück Mittelalter, dabei wurde fast die Hälfte der Altstadt bei einem Bombenangriff im März 1945 zerstört und rekonstruiert. Heute ist Rothenburg ein »Must« auf vielen Reiserouten. Fachwerk und Butzenschei-

ben, Kopfsteinpflaster und Spitzgiebel – besonders schön ist es natürlich in der Adventszeit, wenn sich die Altstadt mit Lichtern herausputzt.

Land	Bayern	Genuss	●●●○
Region	Rothenburg o. d. T.	Kultur	●●○○
Zeit	November–Dezember	Atmosphäre	●●●●

Nürnberger Lebkuchen probieren

Nürnberg ist die Stadt der Lebkuchen – und das schon seit dem ausgehenden 15. Jahrhundert. Der erste Lebkuchen wird sogar in einem Rezept aus dem Jahr 1395 belegt. Nürnberger Lebkuchen darf ein Produkt nur dann genannt werden, wenn es innerhalb der Stadtgrenzen gebacken wurde. Ein traditionsreiches Haus mit Verkaufsladen am Hauptmarkt ist »Lebkuchen Schmidt«. Eine ganze Lebkuchen-Erlebniswelt findet man im Café des Herstellers »Wicklein«, ebenfalls direkt am Hauptmarkt, vor.

Land	Bayern	Genuss	●●●●
Region	Nürnberg	Atmosphäre	●●○○
Zeit	November/Dezember	Kulinarik	●●○○

Silberpfeile und Co.: Mercedes-Benz-Museum

Die Dimensionen sind gewaltig: Auf 16 500 Quadratmetern und neun Ebenen können die Besucher des Mercedes-Benz-Museums in Stuttgart die mehr als 130 Jahre alte Entwicklung der Automobilindustrie verfolgen. Der Museumsbau ist Teil der architektonisch völlig neuartig gestalteten Mercedes-Benz-Welt. In dem Museum, das 2006 eröffnet wurde, sind rund 160 Pkws ausgestellt. Abgesehen von Autofans kommen aber auch Liebhaber außergewöhnlicher und anspruchsvoller Architektur auf ihre Kosten. Mit dem Besuchen in dem Museum kann man einen grauen Novembertag wunderbar füllen.

Land	Baden-Württemberg	Kultur	●●●○
Region	Stuttgart	Fun	●●●○
Zeit	ganzjährig	Action	●●○○

28

Traditioneller Dresdner Striezelmarkt

Alljährlich am Mittwoch vor dem ersten Advent ist es wieder so weit: Der Altmarkt in Dresden erstrahlt in weihnachtlichem Glanz. Die umstehenden Gebäude sind festlich beleuchtet, aus den Buden strömt der Duft von gebrannten Mandeln, obwohl auf dem Striezelmarkt der Dresdner Stollen der Star ist. Nach ihm ist auch der Markt benannt: »Striezel« bedeutet aus dem Mittelhochdeutschen übertragen »Stollen«. Mittelpunkt des Marktes ist die fast 15 Meter hohe Stufenpyramide aus dem Erzgebirge; sie ist die größte der Welt. Der Striezelmarkt ist nachgewiesenermaßen der älteste Weihnachtsmarkt der Welt.

Land	Sachsen		Genuss	●●●○
Region	Dresden		Kulinarik	●●○○
Zeit	Ende Nov.–Ende Dez.		Atmosphäre	●●●○

29

Vielfalt der Kulturen: Münchner Wintertollwood

Mitten auf der Theresienwiese in der bayerischen Landeshauptstadt werden große Festzelte errichtet. Jedes Jahr seit 1991 findet hier das Wintertollwood-Festival statt. Es ist ein Ableger des im Sommer ausgerichteten Festivals. Kunsthandwerker stellen hier außergewöhnliche Produkte mit Schwerpunkt auf deren Nachhaltigkeit aus und auch die Gastronomie gibt sich ökologisch und international: Von indisch bis irisch reicht das Angebot. In einigen Zelten sind auch Livemusik und Theater geboten.

Land	Bayern		Genuss	●●●●
Region	München		Kulinarik	●●●○
Zeit	Ende Nov.–Ende Dez.		Kultur	●●●○

November

Wandern in der Ravennaschlucht

Steil erheben sich die bewachsenen Wände der Schlucht über dem Wanderer, an dem Bach steht ein altes Sägewerk, bergan führt der Weg über kleine Brücken um die Schlucht. Der bekannteste Anblick der Ravennaschlucht bietet sich dem Wanderer, wenn er das Tal betritt: die 37 Meter hohe Ravennabrücke. Der gemauerte Viadukt mit neun Bögen wurde 1926 errichtet und ist beheizbar! Über ihn führt die Höllentalbahn, eine der landschaftlich schönsten Bahnstrecken der Republik. Zur Adventszeit findet unter dem Viadukt ein Weihnachtsmarkt statt.

Land	Baden-Württemberg	Natur	●●●●
Region	Schwarzwald	Erholung	●●●○
Zeit	Ende Nov.–Ende Dez.	Genuss	●●○○

Dezember

1

Dezember

Adventszauber auf dem Nürnberger Christkindlesmarkt

»Das Christkind lädt zu seinem Markte ein und wer da kommt, der soll willkommen sein«. Mit diesen Worten eröffnet das Christkind höchstselbst am Freitag vor dem ersten Advent von der Empore der Frauenkirche aus einen der ältesten Weihnachtsmärkte Deutschlands, den Nürnberger Christkindlesmarkt. Danach geht es erst richtig los: Inmitten der festlich geschmückten Altstadt steigt die Vorfreude auf die Weihnachtszeit. Der Duft von Glühwein und Lebkuchen verströmt – selbst, wenn es noch nicht schneit – eine warme, heimelige Atmosphäre, Kinderaugen leuchten und rund 200 weihnachtlich dekorierte Holzbuden erstrahlen im Lichterglanz. Neben beliebten Mitbringseln wie Weihnachtsdekoration und Kunsthandwerk wartet der Nürnberger Christkindlesmarkt mit einigen besonderen Spezialitäten auf. So genießt man hier vorzugsweise Nürnberger Bratwürste »im Weggla« – also im Brötchen – sowie die berühmten Nürnberger Elisen-Lebkuchen in allen erdenklichen Größen und Sorten. Zum Verzehr nicht geeignet, aber umso schöner als weihnachtliche Deko sind die Nürnberger Zwetschgenmännle, die aus getrockneten Pflaumen und Feigen hergestellt werden und z. B. als Klavierspieler, Kellner oder Fußballspieler daherkommen.

Wer den Christkindlesmarkt in Nürnberg zum ersten Mal besucht, darf sich außerdem ein besonderes Highlight nicht entgehen lassen: die historische Postkutsche, die vom Markt aus durch die festlich geschmückte Stadt fährt. In flauschige Decken gehüllt, fährt man dabei gegen ein geringes Entgelt 15 Minuten lang durch das malerische Nürnberg, vorbei an wichtigen Sehenswürdigkeiten der Stadt. Während der Fahrt lässt der Postillion es sich nicht nehmen, auf seiner Trompete einige Weihnachtweisen zum Besten zu geben.

Land	Deutschland	Atmosphäre	● ● ● ○
Region	Bayern	Fun	● ● ● ○
Zeit	Advent	Genuss	● ● ● ●

Ein Muss im November/Dezember: Auf dem Christkindlesmarkt »Drei im Weggla« essen!
Weltbekannt und ein absolutes Original sind die Nürnberger Rostbratwürste, die es nicht nur zur Weihnachtszeit hier zu kaufen gibt. Seit über 700 Jahren dreht sich in der Stadt alles um die Wurst. Wo sonst genießt man die schmackhaften Würste besser als auf dem Weihnachtsmarkt?

Aussicht genießen von der Hanskühnenburg

Vom Turm der Baude, ursprünglich eine Bezeichnung für eine Schutzhütte, hat man eine herrlichen Blick über den verschneiten Nationalpark Harz. Seit dem Anfang des 20. Jahrhunderts werden in der Gaststätte Wanderer versorgt; aus dieser Zeit stammt auch der Steinturm. Gerade im Winter kann man sich am Kamin schön aufwärmen. Auf keinen Fall sollte man den Anblick der Hanskühnenburg-Klippe verpassen; schon Goethe stattete ihr einen Besuch ab.

Land	Niedersachsen	Natur	●●●●
Region	Herzberg am Harz	Atmosphäre	●●●○
Zeit	ganzjährig	Kulinarik	●●○○

Weihnachtsmarkt auf der Festung Königstein

Der »schönste Weihnachtsmarkt in der Sächsischen Schweiz« sorgt an allen vier Adventswochenenden für festliche Stimmung, komplettiert von sensationellem Ausblick! Thematische Bühnenprogramme werden geboten, aber auch Handwerkskunst und allerlei Leckereien. Einen Besuch beim Festungsbäcker sollte niemand versäumen.

Land	Sachsen	Atmosphäre	●●●●
Region	Königstein	Kulinarik	●●●○
Zeit	Dezember	Genuss	●●●○

Spaziergang am Main in Frankfurt

Der Main fließt träge vor sich hin, die markanten Brücken des Mainufers sind schneebedeckt und dahinter wachsen die Wolkenkratzer der Frankfurter Skyline. Kein Wunder, dass das Mainufer eine beliebte Strecke für einen Winterspaziergang ist. Wenn dann auch noch die Sonne scheint, sind ein paar Stunden Erholung garantiert.

Land	Hessen	Natur	●●●○
Region	Frankfurt am Main	Erholung	●●●●
Zeit	November–Februar	Atmosphäre	●●○○

Dezember

5

Großstadtadvent auf dem Berliner Alexanderplatz

Auch der größte innerstädtische Platz Deutschlands verwandelt sich im Winter in einen Weihnachtsmarkt. Im Schatten des berühmten Fernsehturms und um die nicht minder bekannte Weltzeituhr wird am Einkaufszentrum Alexa ein veritabler Budenzauber entzündet. Fahrgeschäfte warten auf Kunden, in den Buden wird Herzhaftes und Wärmendes angeboten, ein Riesenrad dreht sich gemächlich. Und wo der Winter zelebriert wird, darf auch eine Schlittschuhbahn nicht fehlen. Auch in der kalten Jahreszeit steht der Alexanderplatz dann für großstädtischen Trubel.

Land	Berlin	Fun	●●●●
Region	Berlin	Action	●●●○
Zeit	Dezember	Genuss	●●○○

6

Buttnmandl-Lauf im Berchtesgadener Land

Wilde, in Stroh gekleidete Gestalten mit langen Hörnern und schweren Kuhglocken behängt, begleiten am 5. und 6. Dezember im Berchtesgadener Land den Nikolaus, wenn er die Kinder besucht. Doch nicht nur unartigen Kindern droht Unheil, auch Passanten, vor allem junge Mädchen, müssen sich vor den Ruten der Buttnmandl in Acht nehmen. Der einst heidnische, dann durch den heiligen Nikolaus christianisierte Brauch soll den Winter austreiben und wird ausschließlich im Berchtesgadener Land so praktiziert. Er ist keine Publikumsveranstaltung.

Land	Bayern		Action	●●●○
Region	Berchtesgaden		Fun	●●●○
Zeit	5./6. Dezember		Kultur	●●●●

Die Müritz im Winter genießen

Die Müritz in der Mecklenburgischen Seenplatte ist der größte deutsche See. Auch im Winter, wenn eine dicke, oft spiegelglatte Eisschicht den See bedeckt, lockt die Müritz mit zahlreichen Wintersportaktivitäten. Egal, ob man die Ruhe der Natur beim Eisangeln genießt (aber nur mit Touristen-Fischereischein!), gemütlich beim Schlittschuhlaufen seine Bahnen zieht oder beim Eissegeln mit Spitzengeschwindigkeiten über das Eis saust, ein Wintertag auf der Müritz bietet Genießern und Adrenalinjunkies gleichermaßen unvergessliche Erlebnisse.

Land	Mecklenburg-Vorp.	Action	●●●○
Region	Meckl. Seenplatte	Erholung	●●●○
Zeit	Dezember–Februar	Natur	●●●●

Krampuslauf über den Münchner Marienplatz

Schaurige Gestalten erobern am ersten Dezemberwochenende den zentralen Platz in München: Zu dem traditionell zum Christkindlmarkt gehörenden Schaulauf kommen alljährlich rund 25 Gastgruppen mit mehr als 300 Teilnehmern aus Bayern, Österreich und Südtirol. Der Zug geht von der Kaufingerstraße über den Rindermarkt zum Alten Rathaus. Die alpenländische Tradition der Krampusse mit ihren aufwendigen Kostümen hat einen festen Platz in München. Am Nachmittag des 23.12. läuft eine kleinere Gruppe noch einmal über den Marienplatz.

Land	Bayern	Kultur	●●●○
Region	München	Action	●●●●
Zeit	Anfang Dezember	Fun	●●●○

Dezember

Russland-Feeling in Potsdam

Auf den Satteldächern der Holzhäuser liegt Schnee, auch der Zwiebelturm der orthodoxen Kirche ist in Weiß gehüllt. Jeden Moment müssten Pferdeschlitten um die Ecke gebogen kommen, Bauern mit Pelzmützen durch den Schnee stapfen oder ein Adliger in Begleitung seiner Jagdhunde vorbeiziehen. Direkt aus einer Erzählung Tolstois scheinen die Häuser der Siedlung zu stammen. Doch man befindet sich nicht etwa in einer Bilderbuchversion des alten Russland, sondern mitten in der Hauptstadt Brandenburgs. Ein Museum führt in die außergewöhnliche Geschichte der Alexandrowka genannten Siedlung ein.

Land	Brandenburg	Kultur	●●○○
Region	Potsdam	Atmosphäre	●●●○
Zeit	ganzjährig	Fun	●●○○

Schlittschuhlaufen in Planten un Blomen

Im Winter färbt sich das grüne Herz Hamburgs weiß; die 47 Hektar große Grünanlage »Pflanzen und Blumen«, so die Übersetzung aus dem Plattdeutschen, grenzt St. Pauli und das Schanzenviertel von der Neustadt ab. Der Park wird im Winter zur Eislaufbahn. In der Eisarena kann man seine Runden drehen oder – falls das Talent es zulässt – sich an einem dreifachen Rittberger versuchen. Wer sich nicht in die Fußstapfen von Katarina Witt zu begeben traut, dem bietet die Arena auch die Möglichkeit, sich im Eisstockschießen zu probieren. Das Park-Café hat auch in der kalten Jahreszeit geöffnet.

Land	Hamburg	Action	●●○○
Region	Hamburg	Fun	●●●○
Zeit	November–März	Erholung	●●○○

Dezember

Eintauchen in die Kulissen von »Drei Haselnüsse für Aschenbrödel« auf der Moritzburg

Wer kennt sie nicht, die Verfilmung des Märchenklassikers der Brüder Grimm und der tschechischen Schriftstellerin Božena Němcová – »Drei Haselnüsse für Aschenbrödel« (1973)? Am Originaldrehort des tschechisch-deutschen Films, auf Schloss Moritzburg, findet jedes Jahr eine Winterausstellung zu dem Kultfilm statt. Einige der zauberhaften Szenen werden nachgestellt und lassen nicht nur Kinderherzen höher schlagen. In der Schlossküche können sich die Besucher nach der Führung durch das Märchenschloss königlich stärken.

Land	Sachsen	Kultur	●●●○
Region	Schloss Moritzburg	Atmosphäre	●●●●
Zeit	November–Februar	Fun	●●○○

12

Herrnhuter Sterne Manufaktur besuchen

Das Städtchen Herrnhut in der Oberlausitz ist ab 1722 als Gründung der protestantisch-pietistischen Herrnhuter Brüdergemeinde entstanden, die, aus Böhmen kommend, hier Zuflucht fand. Ein Besuchermagnet ist die Manufaktur, in der die berühmten »Herrnhuter Sterne« heute noch in Handarbeit hergestellt werden. Der den Stern von Bethlehem repräsentierende Weihnachtsschmuck mit 25 drei- und viereckigen Zacken entstand im frühen 19. Jahrhundert. In den Internaten der Glaubensgemeinschaft und an den Missionsstandorten weltweit wurde er hergestellt. Heute fertigen etwa 60 Mitarbeiter die Sterne an.

Land	Sachsen	Atmosphäre ●●○○
Region	Herrnhut	Kultur ●●○○
Zeit	ganzjährig	Fun ●●●○

13

Lucien-Häuschen-Schwimmen

Am 13. Dezember ist der Tag der heiligen Lucia von Syrakus; ihr Name bedeutet »die Leuchtende«. Lucia wird vor allem in den skandinavischen Ländern im Rahmen von vorweihnachtlichem Brauchtum verehrt. Im oberbayerischen Fürstenfeldbruck lassen Schulkinder am 13. Dezember selbst gebastelte Häuschen aus Papier, die sie innen mit Kerzen beleuchten, nach Einbruch der Dunkelheit auf der Amper schwimmen. Dieser Dankbarkeitsbrauch geht auf das Jahr 1785 zurück, als die hl. Lucia den Bürgern von Fürstenfeldbruck half, vor einem drohenden Hochwasser verschont zu bleiben.

Land	Bayern	Atmosphäre ●●●●
Region	Fürstenfeldbruck	Kultur ●●○○
Zeit	13. Dezember	Fun ●●○○

Dezember

Schneeberger Lichtelfest

In der Adventszeit sind die im Stil des Barock und Rokoko gehaltenen Häuser der Altstadt von Schneeberg stimmungsvoll beleuchtet, ein Stadtbummel lohnt sich also. Der Höhepunkt ist jedoch das alljährlich am zweiten Adventswochenende abgehaltene Lichtelfest mit Bergparade am Sonntagabend. Auf dem Marktplatz stehen festlich geschmückte Buden, die 16 Meter hohe Blaufichte im Zentrum ist mit über 600 Lichtern erleuchtet und die große Weihnachtspyramide mit 33 Figuren beeindruckt Groß und Klein.

Land	Sachsen	Atmosphäre ●●●●
Region	Schneeberg	Genuss ●●●○
Zeit	2. WE im Dezember	Kultur ●●○○

Flensburger Weihnachtsmarkt besuchen

Die dänische Tradition prägt noch immer die alte Hafenstadt und wird vielleicht nirgends so deutlich wie auf dem Weihnachtsmarkt mit seinem skandinavischen Flair. Jenseits des üblichen Rummels laden in der Roten Straße liebevoll eingerichtete Buden mit Kunsthandwerk und Leckereien zum Bummeln ein. Wer will, kann am »kleinsten Tresen der Welt« den legendären Tallin-Punsch probieren und in den romantischen Kapitäns- und Kaufmannshöfen stimmungsvoll verweilen.

Land	Schleswig-Holstein	Atmosphäre ••••
Region	Flensburg	Kultur ••○○
Zeit	Ende Nov.–Ende Dez.	Genuss •••○

Mosel-Wein-Nachts-Markt in Traben-Trarbach

Der Weihnachtsmarkt der kleinen Stadt an der Mosel ist wirklich unterirdisch. Das ist freilich keine Qualitätsbeschreibung, eher das Gegenteil. Die Stadt ist von einem Netzwerk von Weinkellern durchzogen, die miteinander verbunden sind. Die ältesten Keller stammen aus dem 16. Jahrhundert. Jedes Jahr im Advent findet hier der unterirdische Weihnachtsmarkt statt. Er steht unter dem Motto »Wein, Genuss und Kultur«. Und so kann man sich durch die verschiedenen Weinlagen Traben-Trarbachs verkosten und Kunsthandwerker bewundern; begleitet wird das Ganze von einem kulturellen Rahmenprogramm.

Land	Rheinland-Pfalz	Atmosphäre ••••
Region	Traben-Trarbach	Kultur •••○
Zeit	Ende Nov.–Anf. Jan.	Genuss ••••

Dezember

Märchenwelt aus Schnee und Eis am Eistobel von Isny

Die Kaskaden und Wasserfälle sind zu Eis erstarrt, wie eine bizarre Decke liegen sie über dem Bach und den Felsvorsprüngen. Eine Wanderung durch den Eistobel ist wie eine Reise in eine weiße Feen- und Märchenwelt. Der Weg durch die Schlucht ist vermutlich einer der bekanntesten Wanderwege im Allgäu. Doch wo man im Sommer an rauschenden Kaskaden vorbeiwandert, sieht der Wanderer in der kalten Jahres- zeit eine erstarrte Welt aus Eis und Schnee vor sich. Vor rund 15 000 Jahren entstand die Eistobel genannte Schlucht.

Land	Baden-Württemberg	Natur	●●●●○
Region	Isny	Erholung	●●●●○
Zeit	Dezember–Februar	Abenteuer	●●○○

Übernachten im Iglu-Dorf

Ein besonderes Erlebnis im Winter ist eine Übernachtung im Iglu-Dorf auf dem Zugspitzferner. Hier entsteht jeden Winter eine kleine Siedlung mit rund 20 Schneehäusern, einer Bar, einer Sauna und zwei Whirlpools. Man nächtigt auf über 2600 Meter Höhe und damit im höchstgelegenen Iglu Deutschlands. Dank warmer Expeditionsschlafsäcke und kuscheligen Schaffellen wird es einem auch nicht kalt. Nachts genießt man aufgrund fehlender Lichtquellen einen Sternenhimmel, den man nie mehr vergisst.

Land	Bayern	Atmosphäre	●●●●
Region	Zugspitze	Abenteuer	●●○○
Zeit	Dezember–April	Natur	●●○○

»Winterlichter« im Frankfurter Palmengarten

Der Palmengarten der Mainmetropole gehört zu den größten botanischen Gärten Deutschlands. Auf 22 Hektar und in diversen Gewächshäusern gedeihen 18 000 Pflanzen aus der ganzen Welt. Von Dezember bis Januar verwandelt sich der Palmengarten in einen Zauberwald: Die Nadelbäume erstrahlen in Blau oder Magenta. Ein Scheinwerfer zerlegt das Wasser des großen Brunnens in einzelne Partikel. Schneeglöckchen scheinen wie von selbst zu leuchten. Lichtkünstler haben sich des Palmengartens bemächtigt und aus ihm die magische Zauberwelt »Winterlichter« erschaffen.

Land	Hessen	Atmosphäre	●●●●
Region	Frankfurt	Kultur	●●○○
Zeit	Dezember–Januar	Natur	●●●○

Dezember

20

Eistauchen

Drei Männer stehen auf dem zugefrorenen See, mit einer Spitzhacke schlagen sie ein Loch in die zentimeterdicke Eisfläche. Die Männer tragen Neoprenanzüge, sind also eindeutig nicht zum Eisfischen gekommen. Es sind Eistaucher, durch das Loch stoßen sie in die Unterwasserwelt des Sees vor. Das Tauchen unter der gefrorenen Oberfläche ist nicht ungefährlich, jeder Tauchgang sollte sorgfältig geplant sein. Belohnt wird der wagemutige Eistaucher mit einem Blick in eine wirklich stille Unterwasserwelt.

Land	Bayern		Action	••••
Region	diverse Seengebiete		Abenteuer	••••
Zeit	Dezember–März		Natur	••••

21

Dezember

Vorweihnachtsstimmung im Spielzeugdorf Seiffen

Im sächsischen Erzgebirge findet man nicht nur eine majestätische Naturlandschaft und malerische Ortschaften, sondern auch alte Traditionen wie die Herstellung von Holzspielzeug, Nussknackern, Krippen und Engeln im bildschönen »Spielzeugdorf« Seiffen. Hier ist man genau richtig, um sich in der Vorweihnachtszeit auf den Heiligabend einzustimmen und vielleicht die ein oder andere Ergänzung für die Weihnachtsdeko mit nach Hause zu nehmen, beispielsweise die weltberühmte erzgebirgische Weihnachtspyramide.

In verschiedenen Schauwerkstätten kann man sich davon überzeugen, wie viel Herzblut und Liebe zum Detail in der Spielzeugherstellung steckt, und sogar aktiv daran teilnehmen. Und wenn sich das Jahr seinem besinnlichen Ende zuneigt, gibt es einen bezaubernden Weihnachtsmarkt, auf dem viele der filigranen und verspielten Kunstwerke angeboten werden.

Wer wissen will, wie die Spielzeugtradition entstanden ist, besucht das Spielzeugmuseum in Seiffen. Hier erfährt man alles zu den Kostbarkeiten der weihnachtlichen Volkskunst mit Exponaten aus über zwei Jahrhunderten. Neben Wohnstuben aus dem frühen 20. Jahrhundert, die das Leben und Arbeiten der damaligen Zeit veranschaulichen, gibt es im Museum auch eine über sechs Meter hohe Weihnachtspyramide zu bestaunen. Wer noch mehr Weihnachtsstimmung erleben möchte, kann im Nachbardorf Neuhausen das weltweit größte Nussknackermuseum besuchen. Hier warten nicht nur über 5000 Exponate aus der ganzen Welt auf die Besucher, sondern auch ein zehn Meter hoher voll funktionsfähiger Nussknacker, der es ins »Guinness-Buch der Rekorde« geschafft hat.

Land	Sachsen	Action	●●○○
Region	Erzgebirge	Atmosphäre	●●●●
Zeit	Advent	Kultur	●●●○

Tipp

Ein Beispiel für eine Schauwerkstatt ist die »Erzgebirgische Volkskunst Richard Glässer GmbH Seiffen«. Auf drei Etagen beobachtet man hier die traditionellen Arbeitstechniken wie das Holzdrechseln, das Spanbaumstechen und das Bemalen der Objekte. Führungen gibt es nach Anmeldung, Reisegruppen sind willkommen. An bestimmten Terminen kann man auch unter Anleitung sein eigenes Souvenir basteln – im Advent auch an den Wochenenden.

22

Weihnachtskrippen schauen

Das Bayerische Nationalmuseum in München birgt die künstlerisch wertvollste und umfangreichste Krippensammlung der Welt. Über 60 Weihnachtsszenen mit unzähligen Figuren sind hier zu sehen. Die Krippen stammen aus dem Alpenraum und aus Italien und decken die Zeitspanne vom frühen 18. bis ins 20. Jahrhundert ab. Während die einen aus Kirchen und Klöstern stammen, sind andere aus dem Privatbesitz des Adels oder des reichen Bürgertums. Eine solche Bandbreite an Themen sucht ihresgleichen!

Land	Bayern		Kultur	●●●●
Region	München		Fun	●●○○
Zeit	Advent		Atmosphäre	●●○○

Besinnlich über den Bodensee fahren

Gemütlich über den Bodensee schippern, den Ausblick auf das winterliche Alpenpanorama genießen und dabei Käsefondue schlemmen. Das geht zur Adventszeit mit den Weihnachtsschiffen. Die beheizten Ausflugsschiffe verbinden zudem mehrere Weihnachtsmärkte miteinander, z. B. die Lindauer Hafenweihnacht mit dem Bregenzer Weihnachtsmarkt. Entspannter kann man die Adventszeit kaum verbringen.

Land	Baden-Württ., Bayern	Atmosphäre	● ● ● ●
Region	Bodensee	Genuss	● ● ● ○
Zeit	Dezember	Natur	● ● ● ○

In die Christmette gehen

Festlich geschmückte Kirchen, warmes Kerzenlicht, besinnlicher Chorgesang und sanfte Instrumentalmusik – selbst wer sonst selten in die Kirche geht, für den ist die Christmette an Heiligabend ein fester Bestandteil von Weihnachten. An vielen Orten in ganz Deutschland feiert man Christi Geburt am Nachmittag oder Abend des 24. Dezember, so etwa im Berliner Dom, in der Trierer Domkirche, in der Dresdner Frauenkirche, in der St. Michaeliskirche in Hamburg oder in der Theatinerkirche in München.

Land	Deutschland	Kultur	● ● ● ●
Region	mehrere	Atmosphäre	● ● ● ●
Zeit	24. Dezember	Genuss	● ● ○ ○

Dezember

25

Weihnachtsbaden im Orankesee

Von September bis April gehen die Vereinsmitglieder der »Berliner Seehunde« im eiskalten Orankesee im Stadtteil Alt-Hohenschönhausen regelmäßig einmal in der Woche schwimmen. Neoprenanzüge sind selbstverständlich verpönt. Dass das nichts für verfrorene Zeitgenossen ist, sollte klar sein. Zu Weihnachten gibt es ein besonderes Badeerlebnis: Mit roten Nikolausmützen und anderen zum Weihnachts-fest passenden Kostümen gehen die »Berliner Seehunde« dann wieder ins Wasser. Dazu werden Weihnachtslieder gesungen.

Land	Berlin		Natur	●●●○
Region	Berlin		Action	●●●○
Zeit	25. Dezember		Fun	●●●○

26

Snowkiting am Fichtelberg

Geübte Skifahrer sollten sich am Fichtelberg in Sachsen nicht wundern, wenn sie plötzlich überholt werden. Rasant zieht ein Snowboarder an ihnen vorbei. Bei genauerem Hinsehen allerdings entpuppt er sich als Vertreter einer neuen Spezies des alpinen Wintersports. Mit einem Segel lassen sich die Snowkiter auf einem Board über die Pisten ziehen, das ist fast so wie Kitesurfen auf Schnee. Dabei können sie so be-achtliche Geschwindigkeiten wie 70 Stundenkilometer erreichen. Das Skigebiet um den und auf dem höchsten Berg Sachsens ist dazu bestens geeignet.

Land	Sachsen		Action	●●●●
Region	Fichtelgebirge		Fun	●●●○
Zeit	Dezember–März		Natur	●●●●

Schlemmen im Saarland

Noch nicht einmal eine Million Einwohner, aber acht Michelin-Sterne. Mit dieser Dichte höchster kulinarischer Auszeichnungen kann kein anderes deutsches Bundesland konkurrieren. Zudem liegen im Saarland gleich zwei der derzeit elf von der französischen Gastro-Bibel »Guide Michelin« in Deutschland mit drei Sternen bewerteten Restaurants. Jenes von Klaus Erfurt in Saarbrücken und »Victors Fine Dining« von Christian Bau auf Schloss Berg im 8500-Seelen-Ort Perl.

Land	Saarland	Kulinarik	●●●●
Region	Perl, Saarbrücken	Atmosphäre	●●●○
Zeit	ganzjährig	Genuss	●●●●

Kuchen essen in der »Kupferkanne«

Die »Kupferkanne« im Osten Kampens ist eine echte Institution auf Sylt, seit Generationen kehren hier Ausflügler ein. Die Gaststube präsentiert sich als ein wahres Labyrinth und ist dabei urig und gemütlich. Der äußerst leckere Kuchen wird in großen Stücken serviert, genau das Richtige für den Hunger nach einem Strandspaziergang in der kalten Jahreszeit. Passend zu den süßen Teilchen gibt es hier hausgerösteten Kaffee.

Land	Schleswig-Holstein	Natur	●●●○
Region	Kampen (Sylt)	Erholung	●●●○
Zeit	ganzjährig	Atmosphäre	●●●○

Dezember

29

Ruhpoldinger Rauhnachtsmarkt

Die Rauhnächte zwischen Weihnachten und Neujahr gelten als eine Zeit, in der die Grenzen zwischen der Welt der Lebenden und der Toten verschwimmen. Geister treiben ihr Unwesen und so verwundert es nicht, dass auch die Perchten, haarige Gestalten, die böse Geister vertreiben sollen, dem beliebten Rauhnachtsmarkt im Kurpark von Ruhpolding einen Besuch abstatten. Der Perchtenlauf am zweiten Tag ist der Höhepunkt des Festes. Handwerker und Bauern aus der Gegend präsentieren auf der dreitägigen Veranstaltung ihre Waren.

Land	Bayern	Kultur	●●●●
Region	Ruhpolding	Atmosphäre	●●●○
Zeit	27.–29. Dezember	Fun	●●○○

30

Den Adlern beim Fliegen zusehen beim Auftakt der Vierschanzentournee

Oberstdorf besitzt mit der Schattenbergschanze eine der wichtigsten Skisprungschanzen weltweit. Alljährlich kommen Ende Dezember über 40 000 Zuschauer zum Auftakt der Vierschanzentournee in den beliebten Kneippkur- und Wintersportort, um der internationalen Skisprungelite zuzujubeln und Zeuge von außerordentlichen sportlichen Höchstleistungen zu werden. Darüber hinaus kann man auch das Springerlager besuchen und dort auf der Zuschauertribüne live beim Training dabei sein.

Land	Bayern	Natur	●●○○
Region	Oberstdorf	Action	●●●○
Zeit	Ende Dezember	Atmosphäre	●●○○

Silvesterparty feiern am Brandenburger Tor

31

Am 9. November 1989 fiel die Mauer, doch das Brandenburger Tor blieb bis zum 22. Dezember geschlossen. Als dann nach 28 Jahren jeder von Ost nach West hindurchgehen konnte, sich zur Silvesterfeier 1989/1990 Tausende zum Feuerwerk versammelten, begann eine neue Zeit. Das Stadttor von 1791 wurde zum Symbol der überwundenen Teilung. Zum Jahreswechsel versammeln sich seitdem mehr als eine Million Menschen und feiern das Ende des Jahres am Brandenburger Tor. Das neue Jahr wird um Mitternacht mit einem wahrhaft spektakulären Feuerwerk begrüßt.

Die legendäre Party gehört zu den weltweit größten Open-Air-Veranstaltungen an Silvester. Mehrere Live-Bands und DJs sorgen auf der zwei Kilometer langen Festmeile zwischen Brandenburger Tor und Siegessäule den ganzen Abend für Stimmung. Dem Countdown zum Jahreswechsel folgt ein gigantisches Feuerwerk. Gefeiert wird dann ausgelassen bis in die frühen Morgenstunden.

★★★
Highlight
des Monats

Land	Berlin	Atmosphäre	●●●●
Region	Berlin	Fun	●●●○
Zeit	31. Dezember	Action	●●○○

Register

»**A**llgäu Coaster« 220
Aasee 206
Alexanderplatz Berlin 287
Almabtrieb 239
Alpen 27, 124
AlpspiX 64
Alster 43
Alt-Schlierseer Kirchtag 187
Altenberg 25
Altes Land 223
Altusried 201
Amrum 127
Anbaden 16
Aperschnalzen 42
Apfelfahrt und Apfelmarkt
    Flensburg 248
Apfelwochen am Bodensee 229
Auer Dult München 252
Außenalster 209

Bachwochen Thüringen 102
Bad Bentheim 114
Bad Dürkheim 221
Bad Salzungen 72
Bad Schandau 242
Bad Segeberg,
    Karl-May-Festspiele 178
Bad Tölz 263
Baden-Württemberg 22, 32, 40,
    56, 71, 89, 92, 94, 100, 119, 123,
    127, 148, 152, 163, 172, 173, 176,
    179, 182, 197, 229, 230, 254,
    269, 279, 281, 295, 301
Badeschiff 164
Ballonfahrt 27
Baltic Open Air 204
Bastei 43, 52
Bayerischer Wald,
    Baumwipfelpfad 73
Bayern 16, 21, 23, 27, 29, 30, 34,
    35, 37, 40, 42, 45, 46, 49, 50, 51,
    53, 57, 59, 63, 64, 66, 69, 72, 73,
    76, 79, 84, 89, 93, 95, 96, 102,
    104, 107, 112, 114, 115, 118,
    121, 124, 130, 142, 147, 149,
    151, 155, 158, 159, 162, 167,
    169, 171, 173, 180, 181, 183,
    187, 191, 195, 197, 198, 199,
    201, 213, 215, 220, 231,
    236, 239, 242, 245, 252, 263,
    271, 275, 277, 278, 279, 280,
    285, 288, 289, 292, 296, 297,
    300, 305, 306, 301
Berchtesgarden 118
Berchtesgadener Land 121, 288
Berlin 41, 75, 141, 164, 204, 205,
    237, 257, 265, 275, 287, 302, 307
Berlinale 41
Biathlon Ruhpolding 23
Biikebrennen 54
Binz 143, 207

Bislicher Insel 44
Bluesfest Eutin 130
Blütenfest Wiesmoor 212
Bodensee 100, 229, 301
Bonn, Museumsmeile 84
Born 190
Brahms-Festival Lübeck 117
Brandenburg 104, 175, 224,
    272, 290
Breitachklamm 45
Bremen 63, 133, 253
Bremerhaven,
    »SeeStadtFest« 133
Bretten 163
Brocken 109
Buddenbrookhaus Lübeck 274
Burg, Schloss 253
Buttnmandl-Lauf 288

Café Niederegger 19
Cannstatter Wasen 230
Chiemgau 112
Chiemgau Alm Festival 162
Chiemsee-Alpenland-Drachen-
    boot-Cup 162
Chiemsee-Dampfbahn 130
Christmette 301
Christopher Street Day 177
Coburg 167
Cochem 271
Crazy Crossing 193

Dackelmuseum Passau 242
Darmstadt 65
Deichbrand-Festival 169
Deutsche Weinstraße 217
Deutsches Spring- und
    Dressur-Derby 129
Dinkelsbühl 173
Dithmarschen 229
Donau in Flammen 169
Drachenstich Furth 199
Dresden 28, 67, 80, 156, 280
Duckstein-Festival Binz 207
Dülmen 132

East Side Gallery Berlin 265
Eckernförde 187
Edenkoben 238
Eifel, Nationalpark 22
Eisleben 271
Eissegeln 48
Eisstockschießen 59
Eistauchen 297
Eistobel Isny 295
Elbhangfest 156
Eltville 147
Eltz, Burg 29
Emden 131
Erbeskopf 33
Erdbeerfest Eltville 147

Erding 63
Essen 17
Eutin 130

Fackelwandern 16, 45
»Fasnet« in Freiburg 56
Federweißerfest Cochem 271
Fellnerfest 191
Festspiele Mecklenburg-
    Vorpommern 181
»FestungsLeuchten«
    Koblenz 101
Fichtelberg 303
Filmfest Oldenburg 224
Filmkunstfest Mecklenburg-
    Vorpommern 113
Fischen 76
Fischerstechen 149, 198
Fleetkahnfahrt 174
Flensburg 248, 294
Flensburg Sail 168
Floßfahrt auf der Isar 195
»Föhr on Fire« & Hafenfest 193
Fossiliensuche auf Rügen 63
Franken 245, 286
Frankfurt, »Winterlichter« im
    Palmengarten 296
Frankfurt, Buchmesse 247
Frankfurt, Senckenberg 257
Fränkische Schweiz 93
Freiburg im Breisgau 56, 71
Freilichtbühne Altusried 201
Freyburg, Winzerfest 220
Friedrichshafen 182
Frühlingsfest München 96
Frundsbergfest Mindelheim 159
Fürstenfeld-Bruck, Lucien-
    Häuschen-Schwimmen 292
Furth, Drachenstich 199

Gaißach 37
Gänseführung Bislicher Insel 44
Garmisch 21
Gäste-Biathlon Wallgau 57
Gautrachtenfest Prien 180
Georgiritt Traunstein 95
Gleitschirmfliegen 124
Goslar 99
Großer Arber 57
GutsMuths-Rennsteiglauf 119

Haldenkunst 49
Hamburg 43, 129, 209, 230
Hamburg, Hafengeburtstag 116
Hamburg, Kirschblütenfest 133
Hamburg, Miniatur Wunder-
    land 262
Hamburg, Nachtmichel 225
Hamburg, Orgelsommer 218
Hamburg, Planten un
    Blomen 290

Hamburg, Shopping 255
Hamburg, Winterdom 268
Hanse Sail 192
Hanskühnenburg 286
Harzer Gourmet-Tage 273
Harzer Schmalspurbahn 268
Heidelberg, Schloss und
    Königstuhl 32
Heidelberg, Schlossfest-
    spiele 172
Heidelberg, Winterzauber 269
Heidelberger Frühling 92
Heidenheim 148
Helgoland 135
Hengstparade Warendorf 227
Herbstlibori Paderborn 254
Heringstage Kappeln 128
Herrenchiemsee-Festspiele 173
Herrnhut, Sterne
    Manufaktur 292
Hessen 30, 35, 43, 58, 65, 81, 96,
    105, 113, 122, 128, 146, 147,
    149, 200, 203, 222, 238, 247,
    257, 260, 286, 296
Hochheideturm 35
Hohnstein, Puppenspielfest 131
Hoog, Trachtensommer 219
Hörnerdörfer 84
Hornfischtage Rügen 122
Hornschlittenrennen 21, 40
Husum 77, 228
HutBall Dresden 80

Iberger Tropfsteinhöhle 32
Iglu-Dorf 296
Insel Mainau 89
Internationaler Tag der
    Bratwurst 198
Isny 295

Jakobstag Traben-Trarbach 179
Japanisches Kirschblütenfest
    Hamburg 133
Jasmund, Nationalpark 35
JazzBaltica 158
Jazzfest Berlin 257
Jazzfestival Spiekeroog 84
Johannifeuer 155
Juist 32

Kahnfahrt im Spreewald 175
Kaltenberg, Ritterturnier 171
Kamelreiten im Bayerischen
    Oberland 69
Kanufahrt auf Jagst und
    Kocher 119
Kappeln 128
Karl-May-Festspiele 178
Karneval der Kulturen 141
Karneval in Köln 267
Karwendel 29, 30

Kaufbeuren 169
Kiefersfelden 202
Kieler Woche 157
»Kinderzeche« Dinkelsbühl 173
Koblenz 101
Kohltage Dithmarschen 229
Köln 265, 267
Königsberg, Schloss 147
Königstein, Festung 286
Konstanz 197
Krampuslauf München 289
Kranichwochen Fischland-Darß-
    Zingst 240
Krokusblütenfest Husum 77
Kröv 165

Lahn 122
Lammtage Amrum 127
Lange Nacht der Museen
    Berlin 205
Langlauf im Thüringer Wald 31
Leipzig 70
Lembeck, Schloss 71
Lichtelfest Schneeberg 293
Lichterfest am Nord-Ostsee-
    Kanal 216
Lindau 254
Lindenberger Hut-Tag 114
Longines Balve Optimum 144
Lübeck 19, 117, 249, 274
Lucien-Häuschen-
    Schwimmen 292
Lüneburger Heide 58, 213

Magdeburg, Jahrtausend-
    turm 264
Magdeburg, Klosterberge-
    garten 94
Maibaumaufstellen im
    Chiemgau 112
Mainschifffahrt in Seligen-
    stadt 96
Malchow 164
Mandelwochen Pfalz 83
Mannheim 152
Marionettenoper Lindau 254
Marzipanmuseum Lübeck 19
Maschsee Fest 193
Matjestage Emden 131
Mecklenburg-Vorpommern
    26, 35, 53, 55, 62, 63, 85, 108,
    113, 122, 143, 145, 164, 168,
    181, 182, 190, 192, 203, 207,
    216, 223, 240, 244, 262, 289
Mecklenburgische
    Seenplatte 223
»Meistertrunk« 142
Mercedes-Benz-Museum 279
Mindelheim 159
Mittenwald 107
Mittsommer auf Sylt 152

Montabaur, Schustermarkt 226
Montgolfiade 40, 206
Moritzburg 291
Mountainbiken 231
Mühlhausen, Stadtkirmes 204
München 51, 59, 79, 96,
    252, 289
Münster, Herbstend 257
Münsterland, Schlösser 30
Müritz 289
Museum Industriekultur 275

Narzissenblüte 103
Neuburg, Schlossfest 158
Neuharlingersiel 55
Neukloster 143
Neuschwanstein, Schloss 46
Neuzelle, Klosterbrauerei 224
Nibelungenfestspiele
    Worms 186
Niedersachsen 16, 32, 48, 49,
    55, 58, 65, 78, 84, 91, 99, 114,
    131, 138, 139, 143, 147, 153, 169,
    174, 193, 203, 212, 213, 218,
    223, 224, 226, 237, 244, 270,
    286
Norderney 16
Nordische Filmtage Lübeck 260
Nordkirchen, Schloss 90
Nordrhein-Westfalen 17, 22, 30,
    44, 49, 71, 76, 84, 90, 105, 132,
    144, 206, 227, 253, 254, 257,
    261, 265, 267
Nordsee 156
Nordseewoche Helgoland 135
Nürnberg, Christkindles-
    markt 285
Nürnberg, Lebkuchen 279

Oberammergau,
    Passionsspiele 151
Oberhof 22
Ofterschwanger Horn 66
Oktoberfest 236
Oldenburg 224
Olewig 191
Opernfestspiele Heiden-
    heim 148
Orankesee 302
Osterbrunnen in der Fränkischen
    Schweiz 93
Ostermarkt Trier 88
Ostern im Taubertal 93
Ostfriesisches Teemuseum 270
Ostsee 53, 62
Ozeaneum Stralsund 26

Paderborn 254
Papiertheatertreffen Preetz 230
Partnachklamm 16
Passau 242

Pellworm 153
»Peter-und-Paul-Fest«
    Bretten 163
Pfalz 83, 91
Pferdeschlittenrennen
    Rottach-Egern 50
Pferdewallfahrt 107, 263
Pfingstmarkt Neukloster 143
Picknick im Alten Land 223
Piesport 240
Pillnitz, Schloss 100
Pilsum, Deichspaziergang 65
Piratenspektakel Eckern-
    förde 187
Plauen, Badewannenrallye 168
Pole Poppenspäler Museum
    Husum 228
Potsdam 290
Potsdam, Winteroper in der
    Friedenskirche 272
Prangerfest der Eppsteiner
    Stadtwache 128
Preetz 230
Prien 180
Prien, Gautrachtenfest 180
Puppentheater Vitte 244

Quedlinburg 78

Rammelsberg, Bergwerk 91
Raritäten der Klaviermusik 207
Rasender Roland 85
Ravennaschlucht 281
Reeperbahnfestival 230
Regensburg 104
Reichling 35
Reichsstadttage Taubertal 215
Rennrodel-Weltcup
    Altenberg 25
Rennsteig 119
Rettichfest Schifferstadt 138
»Rhein in Flammen« 222
Rheingau Musik Festival 203
Rheingau Schlemmer-
    wochen 113
Rheingau Tage 260
Rheinland-Pfalz 29, 33, 83, 88,
    91, 101, 103, 125, 138, 165, 179,
    186, 191, 217, 221, 226, 238,
    240, 265, 271, 294
Ringelganstage 104
Ritterfestspiele Bad
    Bentheim 114
Ritterschauspiel Kiefers-
    felden 202
Ritterturnier Kaltenberg 171
Rodeln 22, 51
Römerweinschiff »Stella
    Noviomagi« 125
Römisches Kelterfest
    Piesport 240

Rosenmesse Schloss
    Königsberg 147
Rosentage Pellworm 153
Rostock, Hanse Sail 192
Rothaarsteig 105
Rothenburg o. d. T. 89, 215, 278
Rothenburg, Mittelalterliches
    Kriminalmuseum 72
Rottach-Egern 40, 50
Rübeländer Tropfstein-
    höhlen 244
Rüdesheim, Weinfest 200
Rügen 35, 63, 122, 216
Ruhpolding 23
Ruhpolding, Rauhnachts-
    markt 305
Rupertiwinkel 42

Saale-Radweg 197
Saalfelder Feengrotten 256
Saarland 304
Sachsen 25, 28, 52, 67, 70, 80,
    100, 109, 126, 131, 144, 156,
    241, 242, 251, 280, 286, 291,
    292, 293, 299, 303
Sachsen-Anhalt 78, 94, 197, 220,
    244, 264, 268, 271, 273
Sächsische Schweiz 126
Sächsische Weinstraße 241
Salem, Schlossseefest 179
Salzbergwerk Berchtes-
    garden 118
Samba-Festival Coburg 167
Sassnitz 55
Schäferlauf Urach 176
Schauinsland 22
Schaumburg, Offene Pforte 153
Schiffergesellschaft Lübeck 249
Schifferstadt 138
Schifffahrt auf dem
    Mittelrhein 149
Schillertage Mannheim 152
Schlauchboot und Kanu auf der
    Elbe 144
Schleswig-Holstein 19, 27, 43,
    54, 77, 104, 117, 127, 128, 130,
    135, 152, 153, 156, 157, 158,
    168, 178, 187, 189, 193, 196,
    204, 207, 216, 219, 228, 229,
    230, 233, 243, 248, 249, 260,
    274, 294, 304
Schleswig-Holstein Musik
    Festival 196
Schlittenfahren von der
    Wasserkuppe 30
Schlittenhunderennen 49
Schlittschuhlaufen 16, 17, 290
Schnablerrennen Gaißach 37
Schneeballen 271
Schneeberg 293
Schneeschuhwandern 29, 66

Schokoladenmuseum Köln 265
Schwarzwald 94
Schwerin 108
Schwimmen mit Pinguinen 104
Seehasenfest Friedrichs-
    hafen 182
Seehausen 198
Seenachtsfest Konstanz 197
Sehusa-Fest 218
Seiffen 299
Seligenstadt 96
Semperopernball 28
Silvesterparty Berlin 307
Sindringen 127
Skilanglauf im Harz 49
Skimuseum Fischen 76
Skispringen in Willingen 43
Skitour am Großen Arber 57
Snowboarding 53
Snowkiting 58, 303
Snowtubing 22
Soest, Allerheiligenkirmes 261
Speyer, Technik Museum 265
Spiekeroog, Jazzfestival 84
Spiekeroog, Papierboot-
    regatta 203
Spiekeroog, Teestube 78
Spielzeugdorf Seiffen 299
Spreewald 175
St.-Peter-Ording 27
Starkbierzeit in München 79
Stein an der Traun 181
Steinfurther Rosentage 146
Steinhuder Meer 48
Sternschnuppen 97
Stocherkahnfahrt auf dem
    Neckar 123
Störtebeker-Festspiele
    Rügen 216
Stralsund 26, 182
Strandskulpturenfestival
    Binz 143
Strandspaziergang auf Juist 32
Striezelmarkt Dresden 280
Stromerwachen
    Warnemünde 108
Stuttgart 230
Sylt 43, 233, 304

Tag der Deutschen Einheit 237
Tag der Shanty-Chöre 147
Tänzelfest Kaufbeuren 169
Taschenbergpalais Dresden 67
Teufelsmoor 226
Thüringen 22, 31, 72, 80, 102,
    119, 197, 198, 205, 248, 256
Titisee 40
Tonnenabschlagen Born 190
Töpfermarkt Sindringen 127
Tossens 139
Traben-Trarbach, Jakobstag 179

Traben-Trarbach, Mosel-Wein-
    Nachts-Markt 294
Trachtentreffen Kröv 165
Traunstein 95
Trier 88
Tutzing 149

Unteruhldingen, Hafenfest 173
Urach 176

Via Regia 251
Vierschanzentournee 306
Vineta-Festspiele Zinnowitz 203
Vitte 244
Vollrads, Schloss 238

Walberlafest 115
Wallenstein-Festspiele 183
Wallensteintage Stralsund 182
Wallgau 49, 57
Walpurgisnacht auf dem
    Brocken 109
Wandern 52, 91, 121, 126, 281
Wangerooge 153
Warendorf 227
Warnemünde 51, 108, 262
Warnemünder Woche 164
Wartburg 80
Wasserkuppe 30, 58
Wasserschloss Lembeck 71
Wattwandern 27, 156
Weihnachtsbaden im
    Orankesee 302
Weihnachtskrippen 300
Weihnachtsmarkt Festung
    Königstein 286
Weimar, Zwiebelmarkt 248
Wein- und Kastanienmarkt
    Edenkoben 238
Weinfest in Olewig 191
Weingenusswanderung um
    Schloss Vollrads 238
Weinwoche Wiesbaden 200
Weltenburg, Kloster 102
Westturmlauf Wangerooge 153
White Sands Festival 138
Wiesbaden 200
Wiesbaden, Kaiser-Friedrich-
    Therme 81
Wiesmoor 212
Wikingerdorf »Flake« 213
Wikingertage Schleswig 189
Wildpferdefang Dülmen 132
Wilhelmshaven Sailing-CUP 237
Willingen 43
Windsurf World Cup Sylt 233
Wintergrillen 36
Winterreiten an der Ostsee 53
Wintertollwood München 280
Winterzelten in den Bergen 34
Wolfsburg 16

Worms 186
Wurstmarkt Bad Dürkheim 221
Würzburg, Nacht der offenen
    Weinkeller 277

Xanten, LVR-Archäologischer
    Park 76

Zeche Zollverein 17
Zingst, Zeesbootregatta 145
Zinnowitz 203
Zirkus- und Drachenfest
    Tossens 139
Zugspitz-Skijöring Reichling 35
Zugspitzland 231
Zugvögeltage 243, 244

Bildnachweis

A = Alamy, C = Corbis, G = Getty,
M = Mauritius

S. 2 M/Alamy, S. 2 Look/Christoph Olesinski, S. 2 Look/Heinz Wohner, S. 2–3 M/ImageBroker, S. 4–5 M/Peter Lehner, S. 6–7 Look/Brigitte Merz, S. 8 G/Sean Gallup, S. 14–15 M/Wolfgang Diederich, S. 15 Stockcreations/Shutterstock.com, S. 15 Look/Jan Greune, S. 15 G/Christof Stache, S. 16 G/Konrad Wothe, S. 16 Look/Travel Collection, S. 16 M/Wilfried Wirth, S. 17 G/Rupert Oberhauser, S. 18–19 M/Fabian von Poser, S. 18 Look/Heinz Wohner, S. 18 G/Klug–photo, S. 20 M/Alamy, S. 20–21 M/Peter Lehner, S. 20 M/John Warburton–Lee, S. 20 M/Christian Bäck, S. 22 G/Daniel Schoenen, S. 22 M/Frank Sommariva, S. 22 M/Alamy, S. 23 M/Alamy, S. 24–25 M/Alamy, S. 24 G/Marco Prosch, S. 24 G/Tom Jenkins, S. 26 H. & D. Zielske , S. 27 Look/Andreas Strauß, S. 27 M/Alamy, S. 28 G/Matthias Rietschel, S. 28 H. & D. Zielske , S. 29 Jag_cz/Shutterstock.com, S. 29 M/Alamy, S. 30 M/Martin Siepmann, S. 30 M/Westend61, S. 30 Look/Heinz Wohner, S. 31 M/Harald Schön, S. 32 Look/Karl Johaentges, S. 32 M/Haag + Kropp, S. 32 G/Ulrich Baumgarten, S. 33 Look/Robertharding, S. 34 Look/Andreas Strauß, S. 35 M/Alamy, S. 35 H. & D. Zielske, S. 35 G/Teka77, S. 36 Stock Rocket/Shutterstock.com, S. 37 M/Bernd Römmelt, S. 38–39 G/Thomas Stankiewicz, S. 39 Look/Thomas Grundner, S. 39 M/Bernd Ritschel, S. 39 M/Frank Lukasseck, S. 40 G/Philipp Guelland, S. 40 M/Siepmann, S. 41 M/Jürgen Henkelmann, S. 42 M/Hans Fürmann , S. 43 G/Dennis Grombkowski, S. 43 G/Beate Zoellner, S. 43 Look/Engel & Gielen, S. 44 M/Alamy, S. 45 M/Alamy, S. 47 C/Adam Woolfitt, S. 47 G/Eugen_z, S. 46–47 G/Ingmar Wesemann, S. 47 M/ImageBroker, S. 48 M/Alamy, S. 49 M/Jochen Tack, S. 49 M/Artur Cupak, S. 49 M/Andreas Werth, S. 50 M/Westend61, S. 51 Look/Ingrid Firmhofer, S. 51 M/Christian Bäck, S. 52 M/Frank Lukasseck, S. 53 M/Catharina Lux, S. 53 G/Simonkr, S. 54 M/Erhard Nerger, S. 55 G/Sandra Kreuzinger, S. 55 M/Manfred Habel, S. 56 G/NurPhoto, S. 56 H. & D. Zielske, S. 57 G/Westend61, S. 57 M/Alamy, S. 58 M/Martin Moxter, S. 58 M/Carsten Leuzinger, S. 59 Look/Franz Marc Frei, S. 60–61 M/Hans P. Szyszka, S. 61 M/Cisfo, S. 61 Look/Heinz Wohner, S. 61 M/Helmut Meyer zur Capellen, S. 62 G/Ulf Boettcher, S. 63 M/Jean Schwarz, S. 63 M/Martin Siepmann,

S. 63 M/Torsten Krüger, S. 64 Look/Daniel Schoenen, S. 65 M/Ernst Wrba, S. 65 M/Wilhelm Boyungs, S. 66 Look/Bethel Fath, S. 67 M/Jean Schwarz, S. 68 M/Bruno Morandi, S. 68 Bayern–kamele.de, S. 68–69 Bayern–kamele.de, S. 70 G/Marco Prosch , S. 71 Look/Heinz Wohner, S. 71 M/Daniel Schoenen, S. 72 Look/Kay Maeritz, S. 72 M/Alamy, S. 73 Look/Konrad Wothe, S. 74 G/Spreephoto.de, S. 74 Look/age, S. 74–75 Look/Photononstop, S. 76 Look/Bethel Fath, S. 76 LVR-Archäologischer Park Xanten/Olaf Ostermann, S. 77 M/Frank Lukasseck, S. 78 C/Westend61, S. 78 M/Alamy, S. 79 M/Manfred Neubauer, S. 79 M/Brigitte Protzel, S. 80 M/Jürgen Henkelmann, S. 80 M/Novarc, S. 81 Look/Sabine Lubenow, S. 82 M/Lidschlag, S. 82 G/AR, S. 82–83 M/Alamy, S. 82 M/Roland T. Frank, S. 84 M/Douglas Williams, S. 84 Look/Bethel Fath, S. 84 Look/age, S. 85 M/Gerken & Ernst, S. 86–87 G/Drepicter, S. 87 M/Christina Czybik, S. 87 M/ImageBroker, S. 87 Look/Ingolf Pompe, S. 88 G/Hans-Peter Merten, S. 89 Canadastock/Shutterstock.com, S. 89 Look/Daniel Schoenen, S. 90 C/Stefan Ziese, S. 91 Look/Karl Johaentges, S. 91 G/Gaby Wojciech, S. 92 Internationales Musikfestival Heidelberger Frühling GmbH/Nikolaj Lund, S. 93 M/Michael Weber, S. 93 M/Martin Siepmann, S. 94 Look/Daniel Schoenen, S. 94 M/Raimund Linke, S. 95 M/Martin Siepmann, S. 96 Harald Lueder/Shutterstock.com, S. 96 M/Sebastian Gabriel, S. 97 M/John Chumack, S. 98 Look/Heinz Wohner, S. 98 Look/Karl Johaentges, S. 98 Look/Heinz Wohner, S. 98–99 G/Siempreverde22, S. 100 Look/Daniel Schoenen, S. 100 G/Olaf Protze, S. 101 GDKE (Generaldirektion Kulturelles Erbe Rheinland-Pfalz)/Ulrich Pfeuffer, S. 102 H. & D. Zielske , S. 102 Look/Heinz Wohner, S. 103 Look/age, S. 104 Look/Thomas Peter Widmann, S. 104 M/Friedhelm Adam, S. 104 G/Hindustan Times, S. 105 M/Blickwinkel, S. 106–107 M/Alamy, S. 106 M/Klaus Neuner, S. 106 Look/Florian Werner, S. 108 M/Martin Ruegner, S. 108 M/Roland T. Frank, S. 109 LianeM/Shutterstock.com, S. 109 M/Alamy, S. 110–111 Look/Thomas Stankiewicz, S. 111 G/Dennis Grombkowski, S. 111 M/Manfred Habel, S. 111 M/Alamy, S. 112 Look/Thomas Stankiewicz, S. 113 M/Günter Lenz, S. 113 G/Pidjoe, S. 114 M/Katja Kreder, S. 114 M/Susan Brooks-Dammann, S. 115 M/Dietmar Najak, S. 116 M/Thomas Ebelt, S. 117 M/Pixtal/CD085070, S. 118 M/Christian Bäck ,

S. 119 M/Rene Meyer, S. 119 M/ImageBroker, S. 120 Look/Jan Greune, S. 120 M/Bernd Römmelt, S. 120–121 G/Dieter Meyrl, S. 122 Look/Heinz Wohner, S. 122 M/Norbert Probst, S. 123 M/ImageBroker, S. 124 G/Thomas Lohnes, S. 125 G/hsvrs, S. 126 G/Michele Falzone, S. 127 Sylter Lammtage/Oliver Franke, S. 127 M/Alamy, S. 128 C/P. Nilsson, S. 128 M/Birgit Gierth, S. 129 G/Nadine Rupp, S. 129 G/Krafft Angerer, S. 130 M/Raimund Kutter, S. 130 M/Harry Nowell, S. 131 M/Manfred Habel, S. 131 M/Jochen Tack, S. 132 M/Ina Fassbender, S. 133 M/Kerstin Bittner, S. 133 Look/Olaf Jainz, S. 134 Look/Ulf Böttcher, S. 134 M/Thomas Hinsche, S. 134 C/Bas van den Boogaard, S. 134–135 A/Dpa picture alliance, S. 136–137 M/Bernd Römmelt, S. 137 Look/Christoph Olesinski, S. 137 M/Wolfgang Filser, S. 137 Look/Ernst Wrba, S. 138 M/Ypps, S. 138 M/Manfred Habel, S. 139 M/Wilfried Wirth, S. 140 M/ImageBroker, S. 140–141 M/ImageBroker, S. 140 G/Sean Gallup, S. 140 M/ImageBroker, S. 142 G/FooT-Too, S. 143 M/Alamy, S. 143 M/Stefan Espenhahn, S. 144 C/Ina Fassbender, S. 144 Look/Ernst Wrba, S. 145 Look/Thomas Grundner, S. 146 M/Alamy, S. 147 M/Dietmar Najak, S. 147 M/Alamy, S. 147 M/Larissa Veronesi, S. 148 Opernfestspiele Heidenheim/Oliver Vogel, S. 149 M/Martin Siepmann, S. 149 Look/Christian Bäck, S. 150 M/Manfred Bail, S. 150 M/Kurt Amthor, S. 150 M/Kurt Amthor, S. 150–151 M/Foto Beck, S. 152 M/Alamy, S. 152 H. & D. Zielske , S. 153 M/Alamy, S. 153 M/Peter Lehner, S. 153 M/Uwe Steffens, S. 154 M/ImageBroker, S. 154–155 G/Andreas Mohaupt, S. 154 M/Alamy, S. 156 M/Ernst Wrba, S. 156 M/ImageBroker, S. 157 M/Peter Lehner, S. 157 M/Peter Lehner, S. 158 M/Wolfgang Filser, S. 158 M/Peter Oppenländer, S. 159 M/STOCK4B, S. 160–161 M/Johannes Simon, S. 161 M/Roeder Photography, S. 161 M/Katja Kreder, S. 161 Look/Martin Siering, S. 162 M/Klaus Hackenberg, S. 162 M/Alamy, S. 163 M/Alamy, S. 164 M/Alamy, S. 164 Look/Travelstock44, S. 164 M/Peter Lehner, S. 165 M/Alamy, S. 166–167 M/ImageBroker, S. 166 G/EyesWideOpen, S. 166 M/Alamy, S. 167 M/Alamy, S. 167 M/Val Thoermer, S. 167 G/Juergen Sack, S. 168 M/Wolfgang Diederich, S. 168 Look/Thomas Rng, S. 169 M/Martin Siepmann, S. 169 M/Alamy, S. 169 DEICHBRAND Festival 2019/Foto Duda , S. 170 M/Wolfgang Kühn, S. 170 M/Wolf-

gang Kühn, S. 170–171 M/Johannes Simon, S. 170 A/Tbkmedia.de, S. 172 Look/Arthur F. Selbach, S. 173 M/Steve Vidler, S. 173 Look/Thomas Peter Widmann, S. 173 M/Catharina Lux, S. 174 M/Novarc, S. 175 Look/Konrad Wothe, S. 176 M/Markus Lange, S. 177 M/ImageBroker, S. 177 M/ImageBroker, S. 178 G/Peter Bischoff, S. 179 M/Movementway, S. 179 M/Alamy, S. 180 M/Paul Mayall, S. 181 M/Travel Collection, S. 181 M/Martin Siepmann, S. 182 M/Cgimanufaktur, S. 182 Look/Ingolf Pompe, S. 183 M/Katja Kreder, S. 184–185 Look/Sabine Lubenow, S. 185 M/Alamy, S. 185 M/Uta und Horst Kolley, S. 185 M/Hubertus Blume, S. 186 G/Franziska Krug, S. 187 M/Bernd Römmelt, S. 187 M/Thomas Hellmann, S. 188 M/Alamy, S. 188 M/Alamy, S. 188–189 Look/Sabine Lubenow, S. 189 H. & D. Zielske, S. 189 M/Siegfried Kuttig, S. 189 H. & D. Zielske , S. 190 M/Christian Bäck , S. 191 M/Martin Siepmann, S. 191 G/Rostislav_Sedlacek, S. 192 Look/Thomas Grundner, S. 192 M/Roland T. Frank, S. 193 M/Catharina Lux, S. 193 M/Rainer Waldkirch, S. 194 G/Achim Thomae, S. 194 Look/Konrad Wothe, S. 194 G/DAStagg, S. 194–195 G/Werner Dieterich, S. 196 M/Werner Otto, S. 197 M/Alexander Schnurer, S. 197 M/Travel Collection, S. 198 Deutsches Bratwurstmuseum/Freunde der Thüringer Bratwurst, S. 198 G/Christof Stache, S. 199 M/Martin Siepmann, S. 200 M/ImageBroker, S. 200 M/Sammy, S. 201 C/Katja Kreder, S. 202 M/Martin Siepmann, S. 203 M/Christian Bäck , S. 203 M/Christian Bäck , S. 203 Archiv Nordseebad Spiekeroog GmbH/Patrick Kösters, S. 204 M/Alamy, S. 204 M/Alamy, S. 205 Wirtschaftsbetriebe Mühlhausen GmbH/Tino Sieland, S. 206 M/United Archives, S. 207 M/Catherina Hess, S. 207 Bergmann-gruppe.net/Foto Werkstatt Lumen , S. 208 M/Jacek Kaminski, S. 208–209 M/Ingo Boelter, S. 208 M/Christian Ohde, S. 208 M/Carsten Leuzinger, S. 210–211 Look/Heinz Wohner, S. 211 M/Alamy, S. 211 Look/Christian Bäck, S. 211 Karsten-HH/Shutterstock.com, S. 212 M/Manfred Habel, S. 213 Look/Heinz Wohner, S. 213 M/P. Widmann, S. 214 G/Panoramic Images, S. 214 G/Dennis K. Johnson, S. 214–215 G/DAJ, S. 214 C/Hans P. Szyszka, S. 216 M/ImageBroker, S. 216 G/Damian Hadjiyvanov, S. 217 M/Friedel Gierth, S. 217 G/Dennis K. Johnson, S. 218 Look/Karl Johaentges, S. 218 M/Rene Mattes, S. 219 M/Christian Bäck , S. 220 M/

Bildnachweis

Impressum

Genehmigte Sonderausgabe für Weltbild GmbH & Co. KG, Werner-von-Siemens-Str. 1, 86159 Augsburg
Copyright © 2020 by Kunth Verlag GmbH & Co. KG, München

Umschlaggestaltung: Atelier Seidel, Teising
Umschlagmotive: © istockphoto

Printed in Italy

ISBN 978-3-8289-5127-3

Besuchen Sie uns im Internet:
www.weltbild.de

Redaktion: Kerstin Majewski
Gestaltung: Ulrike Lang
Text S. 205: Wirtschaftsbetriebe Mühlhausen GmbH/Bereich Tourist Information